Themenheft Zentralabitur

Lyrik

Was ist der Mensch? – Lebensfragen und Sinnentwürfe
Liebeslyrik vom Mittelalter bis zur Gegenwart

Maximilian Nutz

Ernst Klett Verlag
Stuttgart · Leipzig

Vorwort

Hirnforscher zweifeln an der Willensfreiheit des Menschen, Biologen weisen chemische Prozesse nach, die Verhaltensweisen und Gefühle wie die Liebe steuern. Neue wissenschaftliche Erkenntnisse über den Menschen werfen Fragen auf, mit denen sich Religionen, Mythen, Philosophien und nicht zuletzt die Literatur immer schon auseinandergesetzt haben: worin der Sinn des Lebens besteht, was den Menschen von anderen Lebewesen unterscheidet, wie frei oder determiniert er in seinen Entscheidungen ist, welchen Wünschen er folgen und an welchen Werten er sich orientieren soll. Solche Fragen spiegeln sich auch in den großen Themen lyrischer Texte, selbst dann, wenn diese scheinbar nur von individuellen Gefühlen und Stimmungen sprechen, weil die **Vielfalt lyrischen Sprechens** von der Minnelyrik bis zum Popsong eingebunden ist in den kulturgeschichtlichen **Wandel von Sichtweisen und Denkmustern**.

Der Einblick in die Vielfalt und in den Wandel lyrischer Genres, Sprechweisen und gattungsspezifischer Gestaltungsmittel schärft nicht nur den Blick für das Besondere von Gedichten bei der (vergleichenden) Interpretation einzelner Text in Klausuren und im Zentralabitur, sondern regt auch eine persönliche Auseinandersetzung mit verschiedenen Antworten auf Grundfragen menschlicher Existenz an. Durch Auswahl und Konstellation lyrischer Texte, Kontextmaterialien und Aufgabenstellungen zu den exemplarischen Themenbereichen „Was ist der Mensch?" und „Liebesauffassungen und Liebeserfahrungen vom Mittelalter bis zur Gegenwart" soll dieses Arbeitsheft beides ermöglichen: die **kompetenzorientierte Vorbereitung** auf das Analysieren und Interpretieren von Gedichten und **Differenzierung von Sichtweisen und Wertvorstellungen** im Umgang mit dem Spektrum von Fragestellungen und Sinnentwürfen, das in den Texten sichtbar wird.

Eine **problemorientierte Auseinandersetzung** wird durch den Aufbau des Heftes unterstützt, indem die beiden Kapitel „Mensch" – „Liebe" in thematische Aspekte untergliedert sind, die zentrale Fragestellungen sichtbar machen und zugleich Schwerpunktsetzungen ermöglichen. Innerhalb der Teilkapitel sind lyrische Texte und Materialien so angeordnet, dass durch das Spannungsfeld von Kontrasten und Ähnlichkeiten Vielfalt und Wandel lyrischen Sprechens im Kontext epochenspezifischer Sichtweisen und Gestaltungsmittel sichtbar werden.

Die **Kompetenzorientierung** erfolgt durch Aufgaben, die Lernwege und Lernprozesse steuern:

- Texte, Bilder und Aufgaben öffnen am Beginn der beiden Kapitel einen **Problemhorizont** des Themenbereichs, der in zentrale Fragestellungen hineinführt.
- **Aufgaben zur Selbsteinschätzung** knüpfen an Erfahrungen, Sichtweisen und Vorwissen der Schüler an.
- Die Vermittlung gattungsspezifischer **Aspekte und Kategorien** der Erschließung und Interpretation und die Differenzierung des Verstehens durch **textüberschreitende Kontextuierung** erfolgt durch gezielte Schwerpunktsetzungen bei der Aufgabenstellung. Analytische und produktionsorientierte Aufgaben sowie selbstständige Recherchen werden dabei mit einander verzahnt.
- Der Lernweg orientiert sich an den **Kompetenzanforderungen** in den Bereichen Wissen und Können, die am Kapitelende zusammengefasst sind und zugleich der Selbstkontrolle dienen.
- Das **Schreibtraining** zeigt in einem Überblick die Schritte bei der Vorbereitung und beim Verfassen einer vergleichenden Gedichtinterpretation.
- **Orientierungs- und Überblickswissen** bietet die Doppelseite am Schluss, die das notwendige Fachwissen knapp zusammenfasst.

Eine selbstständige **Vertiefung und Erweiterung** der Kapitelthemen wird angeregt durch

- **Tipps zur Weiterarbeit** in den Teilkapiteln
- ergänzende Materialien im **Online-Bereich**

Ein herausnehmbares Lösungsheft bietet eine Hilfe bei der Kontrolle der Arbeitsergebnisse und Sicherung von Fachwissen.

Viel Erfolg bei der Arbeit mit dem Heft!

Inhalt

Was ist der Mensch? – Lebensfragen und Sinnentwürfe

Problemhorizont

Menschenbilder

Michelangelo Buonarotti (1475–1564): Die Erschaffung Adams, um 1510, Fresko

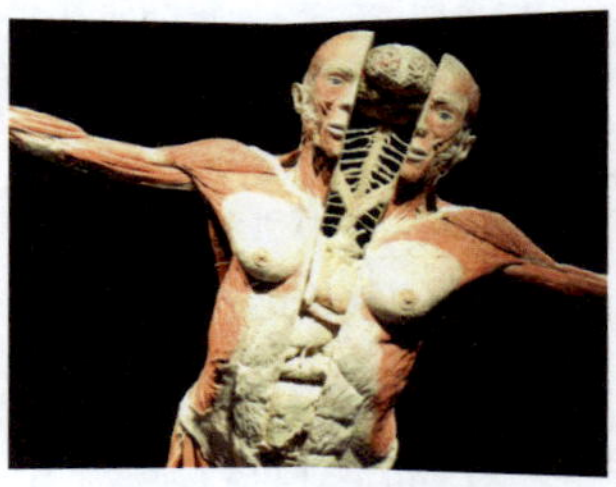
Oberkörper einer Frau, Foto aus der Ausstellung „Körperwelten", 2009

Rüdiger Safranski: Das „nicht festgestellte Tier" (2004)

Der Mensch ist, mit Nietzsche gesprochen, das *nicht festgestellte* Tier. Ein Halbfabrikat: ein Wesen, das nicht restlos fertig ist, sondern sich erst noch vervollständigen muss und dafür die bemerkenswerte Fähigkeit besitzt, die natürlichen Mängel mit Geschick und Intelligenz zu kompensieren. Mängelwesen – das bedeutet: Die Instinktausstattung des Menschen ist – im Vergleich zum übrigen Tierreich – unzureichend. Der Mensch kann sich nicht auf seine Instinkte verlassen, er hat zu viele Optionen. Es gibt zu wenig Zwang und zu viel Freiheit. Wo ihn die Natur im Stich lässt, musste er, um überleben zu können, seine Evolution selber in die Hand nehmen. Man kann es auch so formulieren: Der Mensch ist von Natur aus auf Künstlichkeit, also auf Kultur und Zivilisation angewiesen. Als das nicht festgestellte Tier gestaltet er – durch Kultur also – seine Natur, die kulturelle *zweite Natur*.

Thomas Assheuer: Ich war es nicht! (2007)

Hirnforscher legen uns nahe, dass es weder persönliche Schuld noch Freiheit gibt. Wie kommt es, dass sich die Gesellschaft an dieser Nachricht jubelnd berauscht? […]

Die Verlagsprogramme quellen über von Aufklärungsschriften, in denen naturwissenschaftliche Forschungen ausgeweidet, popularisiert und wie eine befreiende Botschaft unters Volk gebracht werden: Wir Menschenwesen, so heißt es vollmundig, tun nicht, was wir wollen. Sondern wir wollen, was wir tun. Das abendländische Subjekt, dieser kleine Wichtigtuer, besitzt keinen freien Willen und glaubt an Fiktionen. Er ist der Leibeigene seines Hirns, der Sklave am Königshof der Synapsen. […]

Sozialpsychologisch betrachtet, stellen die Naturwissenschaften Tröstungsreserven für eine Gesellschaft bereit, in der Marktmechanismen immer stärker in die individuelle Lebensführung eingreifen. Sie mildern den Stress, ein „Selbstunternehmer" zu sein, sie entlasten von Angst und Schuld, von Selbstanklage und Reflexionsmelancholie. Ist es im Fall einer Niederlage nicht tröstlich, dass wir aus Sicht des Gehirns unfreie Freie sind und gar nicht gewinnen konnten? Dass wir kein schlechtes Gewissen haben müssen, weil das Gewissen evolutionär überholt ist? So schenkt uns die Hirnforschung, jedenfalls in ihrer Populärversion, einen Freispruch erster Klasse. Denken und Gefühle, alles Moleküle. Nicht das Ich hat entschieden, sondern das limbische System.

Aufgabe zur Selbsteinschätzung

1. Skizzieren Sie knapp die Menschenbilder, die in Michelangelos „Die Erschaffung Adams" und in dem Foto der Ausstellung „Körperwelten" deutlich werden.
2. Vergleichen Sie die Texte von Safranski und Assheuer. Zeigen Sie das Spannungsfeld in der heutigen Auffassung vom Wesen des Menschen, das hier deutlich wird.
3. Frei oder unfrei? Machen Sie sich Ihr eigenes Bild vom Menschen bewusst.

Text

Herbert Grönemeyer: Mensch (2002)

Momentan ist richtig, momentan ist gut,
nichts ist wirklich wichtig,
nach der Ebbe kommt die Flut.
Am Strand des Lebens,
ohne Grund ohne Verstand,
ist nichts vergebens,
ich baue die Träume auf den Sand.

Es ist ok. – alles auf dem Weg,
es ist Sonnenzeit – unbeschwert und frei.
Der Mensch heißt Mensch,
weil er vergisst, weil er verdrängt,
weil er schönt und schwärmt,
erwärmt, wenn er erzählt, weil er lacht, weil er lebt,
Du fehlst.

Das Firmament hat geöffnet,
wolkenlos und ozeanblau,
und Telefon, Gas, Elektrik,
unbezahlt und das geht auch.
Teil mit mir Deinen Frieden,
wenn auch nur geborgt,
ich will nicht Deine Liebe,
ich will nur Dein Wort.

Es ist ok., alles auf dem Weg,
es ist Sonnenzeit – unbeschwert und frei.
Der Mensch heißt Mensch,
weil er irrt und weil er kämpft,
weil er hofft und liebt, weil er mitfühlt und vergibt,
weil er lacht, weil er lebt,
Du fehlst.

Es ist ok., alles auf dem Weg.
Und es ist Sonnenzeit, ungetrübt und leicht.
Der Mensch heißt Mensch,
weil er vergisst, weil er verdrängt,
weil er schwärmt und glaubt,
sich anlehnt und vertraut,
weil er lacht, weil er lebt,
Du fehlst.

Ist schon ok., es tut gleichmäßig weh,
es ist Sonnenzeit, ungetrübt und leicht.
Der Mensch heißt Mensch,
weil er erinnert, weil er kämpft,
weil er schwärmt und liebt,
weil er mitfühlt und vergibt,
weil er lacht, weil er lebt,
Du fehlst.
Weil er lacht, weil er lebt,
Du fehlst.

„Man muss nicht Goethe lesen – man kann auch Grönemeyer hören."
[P. Goltsche. www.amazon.de/review/R6ETBKLRTZMII]

„Die Botschaft ist klar: Der Mensch ist das Zentrum unserer Gesellschaft, unserer Welt. Mit dieser humanen Hymne im Kopf lassen sich alle auf dem Album folgenden Songs inhaltlich vergleichen. 66 Minuten Menschlichkeit und professionelle Musikproduktion."
[Regina Sommerfeld. www.germanrock.de/alt/zeitung/z19/cd_kritiken.htm]

„Grönemeyer dichtet mit einer Direktheit, die ab und zu erfrischend sein kann, oft jedoch einfach nur auf die Nerven geht. Alles muss raus, jetzt und hier, doppelt und dreifach hält besser."
(Andreas Merkel: Der Trauerarbeiter. www.taz.de/dx/2002/09/06/a0162.1/text)

Aufgabe

1. Der Song wurde ein Hit. Hören Sie auch eine Aufnahme an, und überlegen Sie Gründe dafür. Beurteilen Sie die Meinungen von Rezensenten im Internet.

2. „Der Mensch heißt Mensch, weil …". Stellen Sie die Aussagen in Grönemeyers Song zusammen, mit denen der Mensch charakterisiert wird.

3. Der Song „Mensch" aus dem gleichnamigen Album erschien vier Jahre nach dem Tod von Grönemeyers Frau. Das Album wurde als musikalische Trauerarbeit betrachtet. Untersuchen Sie, wie dies in der Sprechsituation, der Sprechhaltung und der Gestaltungsweise deutlich wird.

1 Stationen des Lebens

1.1 „Was wechselt Lachen, Weinen und Erbleichen?" – Gedichte thematisch erschließen

Caspar David Friedrich (1774–1840): Die Lebensstufen, um 1835, Öl auf Leinwand

Text

Ovid: Metamorphosen. 15. Buch (ca. 1–10 n. Chr.)

Wie, und siehest du nicht in vier abwechselnde Formen
Treten das Jahr, nachahmend den Gang von unserem Leben?
Saftreich ist es und zart, ganz ähnlich dem Alter des Knaben,
In dem erwachenden Lenz. […]
Tüchtiger geht nach dem Lenz nun über das Jahr in den Sommer,
Rüstigem Jüngling gleich; denn es ist kein anderes Alter
Reicher in Fülle der Kraft, keins heißer in drängendem Streben.
Danach folget der Herbst, der ohne das Feuer der Jugend
Reif dastehet und mild und zwischen dem Greis und dem Jüngling
Mäßig inmitten sich hält, schon grau an den Schläfen gesprenkelt.
Schaurig mit wankendem Schritt kommt endlich als Greis nun der Winter,
Völlig der Haare beraubt, und trägt er sie, weiß an dem Haupte.

Aufgabe

1. Erläutern Sie die Darstellung der Lebensphasen bei Caspar David Friedrich. Wie wird die Thematik durch die Wahl der Bildmotive und die Komposition gestaltet?

2. Klären Sie die Parallelen zwischen Jahreszeiten und Lebensphasen in dem Ausschnitt aus Ovids „Metamorphosen".

3. Überlegen Sie, von welchen sozialen, kulturellen und historischen Faktoren die Lebensphasen des Menschen beeinflusst sind. Gibt es Veränderungen hinsichtlich der Lebensphasen zwischen früheren Zeiten und der heutigen Zeit?

Text

Matthias Claudius:
Der Mensch (1775)

Empfangen und genähret
Vom Weibe wunderbar
Kömmt er und sieht und höret
Und nimmt des Trugs nicht wahr,
Gelüstet und begehret
Und bringt sein Tränlein dar,
Verachtet und verehret,
Hat Freude und Gefahr,
Glaubt, zweifelt, wähnt und lehret,
Hält nichts und alles wahr,
Erbauet und zerstöret
Und quält sich immerdar,
Schläft, wachet, wächst und zehret
Trägt braun und graues Haar.
Und alles dieses währet,
Wenn's hoch kommt, achtzig Jahr.
Denn legt er sich zu seinen Vätern nieder,
Und er kömmt nimmer wieder.

Text

Hugo von Hofmannsthal:
Ballade des äußeren Lebens (1896)

Und Kinder wachsen auf mit tiefen Augen,
die von nichts wissen, wachsen auf und sterben,
und alle Menschen gehen ihre Wege.

Und süße Früchte werden aus den herben
und fallen nachts wie tote Vögel nieder
und liegen wenig Tage und verderben.

Und immer weht der Wind, und immer wieder
vernehmen wir und reden viele Worte
und spüren Lust und Müdigkeit der Glieder.

Und Straßen laufen durch das Gras, und Orte
sind da und dort, voll Fackeln, Bäumen, Teichen,
und drohende, und totenhaft verdorrte...

Wozu sind diese aufgebaut? Und gleichen
einander nie? und sind unzählig viele?
Was wechselt Lachen, Weinen und Erbleichen?

Was frommt das alles uns und diese Spiele,
die wir doch groß und ewig einsam sind
und wandernd nimmer suchen irgend Ziele?

Was frommts, dergleichen viel gesehen haben?
Und dennoch sagt der viel, der ›Abend‹ sagt,
ein Wort, daraus Tiefsinn und Trauer rinnt

wie schwerer Honig aus den hohlen Waben.

Aufgabe

1. „Was frommt das alles uns?" Vergleichen Sie, ausgehend von Ihren ersten Eindrücken, die Sichtweisen des Menschenlebens bei Claudius und Hofmannsthal.

2. Untersuchen Sie die Thematik der Gedichte genauer. Markieren Sie Schlüsselwörter, fassen Sie den Inhalt von Strophen zusammen, und formulieren Sie Kernaussagen in Thesenform. Halten Sie in einem Schaubild fest, wie Sie bei der thematischen Erschließung von Gedichten vorgehen können.

3. Vergleichen Sie folgende Äußerungen, und ordnen Sie diese den Gedichten zu:

„Der Mensch ist hier nicht zu Hause, und er geht hier nicht von ungefähr in dem schlechten Rock umher. Denn siehe nur, alle andren Dinge hier, mit und neben ihm, sind und gehen dahin, ohne es zu wissen; [...] Alle Dinge mit und neben ihm gehen dahin, einer fremden Willkür und Macht unterworfen; er ist sich selbst anvertraut und trägt sein Leben in seiner Hand."

„Wir besitzen unser Selbst nicht: von außen weht es uns an, es flieht uns für lange und kehrt uns in einem Hauch zurück. [...] Wir sind nicht mehr als ein Taubenschlag."

1.2 „und lebe trotzdem weiter“ – Sprechsituation, Sprecherrolle und Sprechhaltung untersuchen

Text

Text in alter Rechtschreibung

Ursula Krechel: Meine Mutter (1977)

1
Als meine Mutter ein Vierteljahrhundert lang
Mutter gewesen war und Frau, aber das konnte sie
vergessen mit der Zeit, als sie so geworden war
wie eine anständige Frau werden mußte
klüger als die Großmutter, ergebener als die Tanten
sparsamer in der Küche und in der Liebe als eine
der das Glück in den Schoß gefallen war
als sie genug Krümel von der Tischdecke geschnippt
als sie die Hoffnung begraben hatte, einmal eine Dame
im Pelz zu sein wie in den Modeheften vor dem Krieg
die sie immer noch hinten in der Speisekammer hütete
als sie anfing, den Töchtern ins Gesicht zu sehen
auf der Suche nach Spuren, die sie im eigenen Gesicht
nicht fand, als sie nicht mehr vor Angst aufwachte
weil sie vom Bügeleisen geträumt hatte
das nicht ausgeschaltet war, als sie schon manchmal
wagte, die Beine am frühen Nachmittag
übereinanderzuschlagen, fraß sich ein Krebs
in ihre Gebärmutter, wuchs und wucherte
und drängte meine Mutter langsam aus dem Leben.

2
Zehn Tage nach ihrem Tod war sie im Traum plötzlich
wieder da. Als hätte jemand gerufen, zog es mich
zum Fenster der früheren Wohnung. Auf der Straße
winkten vier Typen aus einem zerbeulten VW
einer drückte dabei auf die Hupe. So ungefähr
sahen die berliner Freunde vor fünf Jahren aus.
Da winkt vom Rücksitz auch eine Frau:
meine Mutter. Zuerst sehe ich sie
halb versteckt hinter ihren neuen Bekannten.
Dann sehe ich nur noch sie
ganz groß wie im Kino, dann ihren mageren weißen Arm
auf dem auch in Nahaufnahme kein einziges Härchen
zu sehen ist. Wenn sie eilig am Gasherd hantierte
hatten ihr die Flammen häufig die Haare versengt.
Am Handgelenk trägt sie den silbernen Armreif
den ihr mein Vater noch vor der Verlobung geschenkt hat.
Mir hat sie ihn vererbt. Ich die gebohnerten Treppen hinab.
An der Haustür höre ich schon ein Kichern: Mama!
rufe ich, der Nachsatz will mir nicht über die Lippen.
Meine Mutter sitzt eingeklemmt zwischen zwei
lachenden Jungen. So fröhlich war sie lange nicht mehr.
Willst du nicht mitfahren? fragt sie. Aber im Auto
ist doch kein Platz, sage ich und blicke
verlegen durch ihre seidige Bluse
so eine trug sie zu Lebzeiten nie
auf ihre junge, noch ganz spitze Mädchenbrust
und denke, ich muß den Vater rufen. Da heult schon
der Motor auf, die klapprige Tür wird von innen
zugeworfen. An der Haustür könnte ich mich ohrfeigen.
Nicht einmal die Autonummer habe ich mir gemerkt.

Aufgabe

1. „wie eine anständige Frau werden mußte". Lesen Sie die erste Strophe des Gedichts, und beschreiben Sie das Leben der Mutter.

2. Erschließen Sie aus dem Text „Hausfrauen in den 1950er Jahren" und dem Foto das Frauenbild der damaligen Zeit. Vergleichen Sie mit dem Bild der Mutter in Krechels Gedicht und dem Brief der Bettina von Arnim (1785–1859) an ihren Bruder Clemens.

3. „ich muss den Vater rufen". Klären Sie die Rollenkonstellation und die Sprechhaltung des lyrischen Ich im zweiten Teil des Gedichts „Meine Mutter" von Ursula Krechel.

4. Verfassen Sie einen Dialog zwischen Mutter und Tochter.

5. Mit ihrem Buch „Selbsterfahrung und Fremdbestimmung" (1975) gehört Ursula Krechel zur neuen Frauenbewegung der 1970er Jahre. Informieren Sie sich über diese Bewegung, und erschließen Sie das Gedicht in diesem Kontext.

Text

Hausfrauen in den 1950er Jahren

Halten Sie das Abendessen bereit. Planen Sie vorausschauend, evtl. schon am Vorabend, damit die köstliche Mahlzeit rechtzeitig fertig ist, wenn er nach Hause kommt. So zeigen Sie ihm, dass Sie an ihn gedacht haben und dass Ihnen seine Bedürfnisse am Herzen liegen. Die meisten Männer sind hungrig, wenn sie heimkommen, und die Aussicht auf eine warme Mahlzeit (besonders auf seine Leibspeise) gehört zu einem herzlichen Empfang, so wie man ihn braucht. Machen Sie sich schick. Gönnen Sie sich 15 Minuten Pause, so dass Sie erfrischt sind, wenn er ankommt. Legen Sie Make-up nach, knüpfen Sie ein Band ins Haar, so dass Sie adrett aussehen. Er war ja schließlich mit einer Menge erschöpfter Leute zusammen. Seien Sie fröhlich, machen Sie sich interessant für ihn! Er braucht vielleicht ein wenig Aufmunterung nach einem ermüdenden Tag, und es gehört zu Ihren Pflichten, dafür zu sorgen.

Text

Bettina von Arnim: Ruhig sein kann ich nicht (1803)

Liebster Clemens, wenn Du mir freundlich bist, dann bin ich, wo nicht ruhig, doch zufrieden. Ruhig sein heißt bei mir die Händ in den Schoß legen und sich auf den Kindchesbrei freuen, den wir heut Abend essen. Ruhig sein kann ich nicht, ich freu mich auf alles, was grade das Ruhigsein ausschließt, ich muss jauchzen vor Vergnügen über ein unbestimmtes Etwas. Was mag es sein? Das macht mich auch wieder unruhig, ich nehme drei Treppen unter die Füße bis zum Dachgiebel hinauf, ich guck zum Gaubloch hinaus, was doch herkommen mag, worauf ich so sehr mich freue, und weiß doch nicht was, und ich sah doch auch gar nichts, soweit der Blick trägt; aber nichts! – Aber meine Seele ist eine leidenschaftliche Tänzerin, sie springt herum nach einer innern Tanzmusik, die nur ich höre und die andern nicht. Alle schreien, ich soll ruhig werden, und Du auch, aber vor Tanzlust hört meine Seele nicht auf Euch, und wenn der Tanz aus wär, dann wär's aus mit mir. Und was hab ich denn von allen, die sich witzig genug meinen, mich zu lenken und zu zügeln? Sie reden von Dingen, die meine Seele nicht achtet, sie reden in den Wind. Das gelob ich vor Dir, dass ich nicht mich will zügeln lassen, ich will auf das Etwas vertrauen, was so jubelt in mir, denn am End ist's nichts anders als das Gefühl der Eigenmacht, man nennt das eine schlechte Seite, die Eigenmacht. Es ist ja aber auch Eigenmacht, dass man lebt!

Gaubloch = Dachfenster

witzig = verständig

Tipp zur Weiterarbeit

1. Recherchieren Sie das Leben Bettina von Arnims. Erstellen Sie ein Lernplakat mit wichtigen Stationen in ihrem Leben. Halten Sie fest, wo ihr Leben konventionellen Frauenrollen Anfang des 19. Jahrhunderts entspricht, wo nicht.

Text

Text in alter Rechtschreibung

Marie Luise Kaschnitz: Interview (1962)

Wenn er kommt, der Besucher,
Der Neugierige und dich fragt,
Dann bekenne ihm, daß du keine Briefmarken
sammelst,
Keine farbigen Aufnahmen machst,
Keine Kakteen züchtest.
Daß du kein Haus hast,
Keinen Fernsehapparat,
Keine Zimmerlinde.
Daß du nicht weißt,
Warum du dich hinsetzt und schreibst,
Unwillig, weil es dir kein Vergnügen macht.
Daß du den Sinn deines Lebens immer noch nicht
Herausgefunden hast, obwohl du schon alt bist.
Daß du geliebt hast, aber unzureichend,
Daß du gekämpft hast, aber mit zaghaften Armen.
Daß du an vielen Orten zuhause warst,
Aber ein Heimatrecht hast an keinem.
Daß du dich nach dem Tode sehnst und ihn fürchtest.
Daß du kein Beispiel geben kannst als dieses:
Immer noch offen.

Text

Rose Ausländer: Ich denke (1979)

Ich denke
an die Eltern die mich verwöhnten
an Spielzeug und Kindergespielen

an Lust und Qual meiner
ersten Liebe

an Venedig Luzern die
Riviera und Israel

an Hölderlin Trakl
Kafka und Celan

an das Getto an Todestransporte
Hunger und Angst

an den Unfall
das ewige Bett an Freunde die
mich verließen und Menschen
die mir beistehn

Ich denke an die Ohnmacht meines
Körpers
die Macht des Denkens
an Zauberworte und
Lebenszauber

Der winkende Tod
denkt an mich

Aufgabe

1. Beschreiben und vergleichen Sie die Situation des lyrischen Ich in den beiden Gedichten. Entwickeln Sie die Lebensläufe der beiden Sprecherinnen.

2. Informieren Sie sich über die Biografien der Schriftstellerinnen, und vergleichen Sie Lebensstationen und Lebenseinstellungen in den Gedichten mit den biografischen Wirklichkeiten.

3. „Schreiben war Leben, Überleben." Untersuchen und beurteilen Sie anhand des Ausschnitts aus Rose Ausländers Erinnerungen, welche Rolle Literatur in dem Gedicht „Ich denke" spielt.

Text

Rose Ausländer: Schreiben war Leben, Überleben (1976)

Czernowitz 1941. Nazis besetzten die Stadt, blieben bis zum Frühjahr 1944. Ghetto, Elend, Horror, Todestransporte. In jenen Jahren trafen wir Freunde uns zuweilen heimlich, oft unter Lebensgefahr, um zuweilen Gedichte zu lesen. Der unerträglichen Realität gegenüber gab es zwei Verhaltensweisen: Entweder man gab sich der Verzweiflung preis, oder man übersiedelte in eine andere Wirklichkeit, die geistige. Wir zum Tode verurteilten Juden waren unsagbar trostbedürftig. Und während wir den Tod erwarteten, wohnten manche von uns in Traumworten – unser traumatisches Heim in der Heimatlosigkeit. Schreiben war Leben, Überleben.

„...Auf den flüchtenden Kähnen/löschen die Wimpel den Traum, von den Himmeln ..." – „...dass die unsichtbaren Gestirne aufblühen". Diese und viele andere Verse las mir ein junger Mann vor, den 1944 ein Freund zu mir brachte: Paul Antschel-Celan. Als Revanche las ich das nächste Mal meine neu entstandenen Gedichte, die er sehr liebte.

Text

Joseph von Eichendorff: Aus dem Leben eines Taugenichts (1826)

Das Rad an meines Vaters Mühle brauste und rauschte schon wieder recht lustig, der Schnee tröpfelte emsig vom Dache, die Sperlinge zwitscherten und tummelten sich dazwischen; ich saß auf der Türschwelle und wischte mir den Schlaf aus den Augen; mir war so recht wohl in dem warmen Sonnenscheine. Da trat der Vater aus dem Hause; er hatte schon seit Tagesanbruch in der Mühle rumort und die Schlafmütze schief auf dem Kopfe, der sagte zu mir: „Du Taugenichts! da sonnst du dich schon wieder und dehnst und reckst dir die Knochen müde, und lässt mich alle Arbeit allein tun. Ich kann dich hier nicht länger füttern. Der Frühling ist vor der Tür, geh auch einmal hinaus in die Welt und erwirb dir selber dein Brot." – „Nun", sagte ich, „wenn ich ein Taugenichts bin, so ist's gut, so will ich in die Welt gehn und mein Glück machen." Und eigentlich war mir das recht lieb, denn es war mir kurz vorher selber eingefallen, auf Reisen zu gehn, da ich die Goldammer, welche im Herbst und Winter immer betrübt an unserm Fenster sang: „Bauer, miet mich, Bauer, miet mich!" nun in der schönen Frühlingszeit wieder ganz stolz und lustig vom Baume rufen hörte: „Bauer, behalt deinen Dienst!" – Ich ging also in das Haus hinein und holte meine Geige, die ich recht artig spielte, von der Wand, mein Vater gab mir noch einige Groschen Geld mit auf den Weg und so schlenderte ich durch das lange Dorf hinaus. Ich hatte recht meine heimliche Freude, als ich da alle meine alten Bekannten und Kameraden rechts und links, wie gestern und vorgestern und immerdar, zur Arbeit hinausziehen, graben und pflügen sah, während ich so in die freie Welt hinausstrich. Ich rief den armen Leuten nach allen Seiten recht stolz und zufrieden Adjes zu, aber es kümmerte sich eben keiner sehr darum. Mir war es wie ein ewiger Sonntag im Gemüte.

Goldammer = Vogelart

Text

Joseph von Eichendorff: Die zwei Gesellen (1814)

Es zogen zwei rüst'ge Gesellen
Zum erstenmal von Haus,
So jubelnd recht in die hellen,
Klingenden, singenden Wellen
Des vollen Frühlings hinaus.

Die strebten nach hohen Dingen,
Die wollten, trotz Lust und Schmerz,
Was Rechts in der Welt vollbringen,
Und wem sie vorübergingen,
Dem lachten Sinnen und Herz. –

Der Erste, der fand ein Liebchen,
Die Schwieger kauft Hof und Haus;
Der wiegte gar bald ein Bübchen,
Und sah aus heimlichem Stübchen
Behaglich ins Feld hinaus.

Dem Zweiten sangen und logen
Die tausend Stimmen im Grund,
Verlockend' Sirenen, und zogen
Ihn in der buhlenden Wogen
Farbig klingenden Schlund.

Und wie er auftaucht' vom Schlunde,
Da war er müde und alt,
Sein Schifflein, das lag im Grunde,
So still war's rings in die Runde,
Und über die Wasser weht's kalt.

Es singen und klingen die Wellen
Des Frühlings wohl über mir;
Und seh ich so kecke Gesellen,
Die Tränen im Auge mir schwellen –
Ach Gott, führ uns liebreich zu Dir!

Aufgabe

1. Untersuchen Sie die Gestaltungsweise der Situation des Aufbruchs am Anfang von Eichendorffs Novelle „Taugenichts". Notieren Sie in Stichpunkten die romantischen Elemente dieses Motivs.
2. Eichendorff publizierte das Gedicht „Die zwei Gesellen" zuerst unter dem Titel „Frühlingsfahrt". Erläutern Sie Bezüge zwischen diesem Titel und den Themen und Motiven des Gedichts.
3. Vergleichen Sie die „Lebensläufe" der „zwei Gesellen" in Eichendorffs Gedicht. Klären Sie, inwiefern es sich um geschlechtsspezifische Rollenmuster handelt.
4. Untersuchen Sie die Bilder, mit denen das Scheitern des zweiten Jünglings dargestellt wird. Konkretisieren Sie diese Bilder durch Ihre eigenen Vorstellungen, wie sein Leben verlaufen sein könnte.
5. Untersuchen Sie die Haltung, die das lyrische Ich in dem Gedicht gegenüber Aufbruchssehnsüchten einnimmt. Vergleichen Sie mit dem Anfang des „Taugenichts".

Schwieger = Schwiegermutter

Tipp zur Weiterarbeit

1. Recherchieren Sie das Leben Joseph von Eichendorffs. Bewerten und interpretieren Sie das Gedicht vor dem Hintergrund seiner Biografie.
2. Informieren Sie sich über den Handlungsverlauf des „Taugenichts" und überlegen Sie, worin sich das „Glück", das der Protagonist findet, von den Lebenswegen der beiden Gesellen unterscheidet.

Text

Erich Kästner:
Kurzgefasster Lebenslauf (1930)

Wer nicht zur Welt kommt, hat nicht viel verloren.
Er sitzt im All auf einem Baum und lacht.
Ich wurde seinerzeit als Kind geboren,
eh ich's gedacht.

Die Schule, wo ich viel vergessen habe,
bestritt seitdem den größten Teil der Zeit.
Ich war ein patentierter Musterknabe.
Wie kam das bloß? Es tut mir jetzt noch leid.

Dann gab es Weltkrieg, statt der großen Ferien.
Ich trieb es mit der Fußartillerie.
Dem Globus lief das Blut aus den Arterien.
Ich lebte weiter. Fragen Sie nicht, wie.

Bis dann die Inflation und Leipzig kamen;
mit Kant und Gotisch, Börse und Büro,
mit Kunst und Politik und jungen Damen.
Und sonntags regnete es sowieso.

Nun bin ich zirka 31 Jahre
und habe eine kleine Versfabrik.
Ach, an den Schläfen blühn schon graue Haare,
und meine Freunde werden langsam dick.

Ich setze mich sehr gerne zwischen Stühle.
Ich säge an dem Ast, auf dem wir sitzen.
Ich gehe durch die Gärten der Gefühle,
die tot sind, und bepflanze sie mit Witzen.

Auch ich muss meinen Rucksack selber tragen!
Der Rucksack wächst. Der Rücken wird nicht breiter.
Zusammenfassend lässt sich etwa sagen:
Ich kam zur Welt und lebe trotzdem weiter.

Aufgabe

1. Halten Sie wichtige Stationen dieses Lebenslaufes fest. Beschreiben Sie, wie sich diese Stationen und äußere historische Ereignisse verschränken und beeinflussen. Charakterisieren Sie den Sprecher.

2. Vergleichen Sie die Gedichte „Meine Mutter" (S. 10), „Interview" (S. 12), „Ich denke" (S. 12) und „Kurzgefasster Lebenslauf". Stellen Sie in einer Tabelle dar, von welchen inneren und äußeren Einflüssen diese Lebensläufe geprägt waren.

3. „Er ist ein Moralist. Er ist ein Rationalist. Er ist ein Urenkel der deutschen Aufklärung". Mit diesen Worten hat sich Kästner 1949 vor dem deutschen PEN-Club selbst charakterisiert. Überprüfen Sie diese Selbstcharakterisierung an der Thematik, der Sprechhaltung und dem Stil des Gedichts.

4. Erschließen Sie aus Kästners „Prosaische Zwischenbemerkung" den Begriff „Gebrauchslyrik".

Text

Erich Kästner: Prosaische Zwischenbemerkung (1929)

Zum Glück gibt es ein oder zwei Dutzend Lyriker – ich hoffe fast, mit dabei zu sein – die bemüht sind, das Gedicht am Leben zu erhalten. Ihre Verse kann das Publikum lesen oder hören, ohne einzuschlafen; denn sie sind seelisch verwendbar. Sie wurden im Umgang mit Freuden und Schmerzen der Gegenwart notiert, und für jeden, der mit der Gegenwart geschäftlich zu tun hat, sind sie bestimmt. Man hat für diese Art von Gedichten die Bezeichnung „Gebrauchslyrik" erfunden, und die Erfindung beweist, wie selten in der jüngsten Vergangenheit wirkliche Lyrik war. […]

Es gibt wieder Verse, bei denen der literarisch unverdorbene Mensch Herzklopfen kriegt oder froh in die leere Stube lächelt. Es gibt wieder Lyriker, die wie natürliche Menschen empfinden und die Empfindungen und Ansichten und Wünsche in Stellvertretung ausdrücken. […]

Dass jemand ausspricht, was ihn bewegt und bedrückt – und andere mit ihm – ist nützlich. Wem das zu einfach gesagt ist, der mag es sich von Psychoanalytikern erklären lassen. Wahr bleibt es trotzdem.

Text

Hans Magnus Enzensberger:
geburtsanzeige (1957)

wenn dieses bündel auf die welt geworfen wird
die windeln sind noch nicht einmal gesäumt
der pfarrer nimmt das trinkgeld eh ers tauft
doch seine träume sind längst ausgeträumt
es ist verraten und verkauft

wenn es die zange noch am schädel packt
verzehrt der arzt bereits das huhn das es bezahlt
der händler zieht die tratte und es trieft
von tinte und von blut der stempel prahlt
es ist verzettelt und verbrieft

wenn es im süßlichen gestank der klinik plärrt
beziffern die strategen schon den tag
der musterung des mords der scharlatan
drückt seinen daumen unter den vertrag
es ist versichert und vertan

noch wiegt es wenig hässlich rot und zart
wie viel es netto abwirft welcher richtsatz gilt
was man es lehrt und was man ihm verbirgt
die zukunft ist vergriffen und gedrillt
es ist verworfen und verwirkt

wenn es mit krummer hand die luft noch fremd begreift
steht fest was es bezahlt für milch und telefon
der gastarif wenn es im grauen bett erstickt
und für das weib das es dann wächst der lohn
es ist verbucht verhängt verstrickt

wenn nicht das bündel das da jault und greint
die grube überhäuft den groll vertreibt
was wir ihm zugerichtet kalt zerrauft
mit unerhörter schrift die schiere zeit beschreibt
ist es verraten und verkauft.

Tratte = gezogener (eingelöster) Wechsel

greinen = schreien, weinen

Aufgabe

1. Mit seinem ersten Gedichtband „verteidigung der wölfe" erregte Enzensberger als „zorniger junger Mann" Aufsehen. Machen Sie an den thematischen Aspekten von „geburtsanzeige" fest, wogegen sich dieser Zorn richtet und wie er sich artikuliert. Klären Sie Sprechsituation und Sprechhaltung.
2. Informieren Sie sich über den politisch-gesellschaftlichen Kontext, und erläutern Sie die Wirkungsabsicht.
3. Zeigen Sie Parallelen und Unterschiede im Stil zwischen Kästner (vgl. S. 14) und Enzensberger.

Tipp zur Weiterarbeit

„Künstlerische Wahrheit ist Treue zu sich selbst und zu seiner Zeit [...] – auch noch dem irrationalsten Gedicht muß man die historischen und soziologischen Erfahrungen abhören können, durch die sein Verfasser hindurchgegangen ist." (Marie Luise Kaschnitz, Schwierigkeiten heute die Wahrheit zu schreiben, 1963)
Beurteilen Sie diese Forderung, die Kaschnitz an Gedichte stellt. Vergleichen Sie mit anderen Auffassungen von Lyrik in verschiedenen Epochen.

2 Lebenskrisen und Identitätsprobleme

2.1 „Sprachlos und kalt“ – Formen und Wandel der Bildlichkeit untersuchen

Text

Barbara Köhler: Endstelle (1987)

für Fritz

DIE MAUERN STEHN. Ich stehe an der Mauer
des Abrisshauses an der Haltestelle;
erinnre Lebens-Läufe, Todes-Fälle,
vergesse, wem ich trau in meiner Trauer.

SPRACHLOS UND KALT: mein Herz schlägt gegen vieles
– nicht nur die Gitterstäbe in der Brust –
und überschlägt sich für ein bisschen Lust
und schlägt sich durch zum Ende dieses Spiels

IM WINDE KLIRREN Wörter, Hoffnungsfetzen,
Nach-Ruf für die, die ausgestiegen sind
vor mir. Warum noch schrein. Es reißt der Wind

DIE FAHNEN ab. Was soll mich noch verletzen;
Verlust liegt hinter mir, vor mir die Schlacht-
Felder im Halblicht, zwischen Tag und Nacht.

Frida Kahlo (1907–1954): Die zerbrochene Säule, 1944, Öl auf Leinwand

Aufgabe

1. Notieren Sie, welche unterschiedlichen Assoziationen, Gedanken, Gefühle etc. die Bildsprache des Gedichts „Endstelle“ bei Ihnen auslöst.
2. Untersuchen Sie die Gestaltungsweise der Bildsprache. Achten Sie dabei auf Bildelemente und Bildbereiche. Überprüfen Sie Ihre ersten Eindrücke und Reaktionen. Vergleichen Sie mit Frida Kahlos „Die zerbrochene Säule“.
3. Beschreiben Sie, wie in der Bildsprache die Situation des lyrischen Ich zum Ausdruck gebracht wird. Berücksichtigen Sie dabei die Lebenssituation Köhlers und auch den kurzen Textauszug. Sie war Bürgerin der damaligen DDR. Viele ihrer Schriftstellerkollegen hatten in den Jahren zuvor mehr oder weniger freiwillig das Land verlassen.
4. Texte stehen oft in einem Bezug zu anderen Texten (Intertextualität). Untersuchen Sie die intertextuellen Bezüge und Korrespondenzen mit dem Gedicht von Hölderlin auf S. 17. Erläutern Sie aufgrund Ihres Vergleichs die Widmung des Gedichts.

Text

Barbara Köhler: A la recherche de la révolution perdue – Ein innerdeutscher Monolog (1990)

Ich erinnere mich an einen Morgen, irgendwann Mitte der achtziger Jahre. […]

Ich war nicht verliebt, niemand hatte mich verlassen. Der Abend vorher war ohne Bedeutung, die Nachrichten besagten nichts Ungewöhnliches. Ich entsann mich keines Traums. An das Licht erinnere ich mich genau, es machte die Dinge stumpf, wirkte grau abgenutzt ausgebleicht. Aber auch das war eigentlich nichts Besonderes. Ich wachte auf, mitten hinein in eine unfassbare Leere, und es gab dafür keinen Grund. Ich hatte ein Gefühl ALS HÄTTE DIE ZUKUNFT AUFGEHÖRT und wusste, damit würde ich leben müssen. Ich war gefasst.

Text

Friedrich Hölderlin: Hälfte des Lebens (1804)

Mit gelben Birnen hänget
Und voll mit wilden Rosen
Das Land in den See,
Ihr holden Schwäne,
Und trunken von Küssen
Tunkt ihr das Haupt
Ins heilignüchterne Wasser.

Weh mir, wo nehm ich, wenn
Es Winter ist, die Blumen, und wo
Den Sonnenschein,
Und Schatten der Erde?
Die Mauern stehn
Sprachlos und kalt, im Winde
Klirren die Fahnen.

Aufgabe

1. Beschreiben und charakterisieren Sie die Bildlichkeit in den beiden Strophen.

2. Hölderlin war 33 Jahre alt, als er das Gedicht verfasste. Überlegen Sie, ob die Überschrift bei der Deutung der beiden Strophen weiterhilft.

3. Überlegen Sie, wie das Bild der Schwäne gedeutet werden kann. Beziehen Sie in Ihre Überlegungen mit ein, dass bis ins 19. Jahrhundert „Dichterschwan" eine gängige Metapher für den Dichter war.

4. 1798 verließ Friedrich Hölderlin das Haus des Bankiers J. Fr. Gontard in Frankfurt, wo er als Hauslehrer angestellt war – nicht zuletzt wegen der Liebesbeziehung zu dessen Frau Susette. Lesen Sie die Ausschnitte aus den Briefen, und erschließen Sie die Bedeutung dieser Beziehung und der Trennung. Deuten Sie das Gedicht in diesem biografischen Kontext.

5. Erläutern Sie die verschiedenen Formen der Bildlichkeit (Metapher, Emblem, Allegorie, Symbol, Chiffre). Ordnen Sie die Bildlichkeit bei Hölderlin und Köhler einer dieser Bildformen zu.

Text

Briefe

Hölderlin an Susette Gontard, 1799

Hätte ich mich zu Deinen Füßen nach und nach zum Künstler bilden können, in Ruhe und Freiheit, ja ich glaube, ich wär es schnell geworden, wonach in allem Leide mein Herz sich in Träumen und am hellen Tage, und oft mit schweigender Verzweiflung sehnt. Es ist wohl der Tränen alle wert, die wir seit Jahren geweint, dass wir die Freude nicht haben sollten, die wir uns geben können, aber es ist himmelschreiend, wenn wir denken müssen, dass wir beide mit unsern besten Kräften vielleicht vergehen müssen, weil wir uns fehlen. Und sieh! das macht mich doch so stille manchmal, weil ich mich hüten muss vor solchen Gedanken.

Susette Gontard an Hölderlin, 1799

Wie oft tadle ich Dich und mich, dass wir so stolz alle Beziehungen uns ohnmöglich gemacht, uns nur auf uns selbst verlassen haben wir müssen jetzt vom Schicksal betteln, und durch tausend Umwege einen Faden zu leiten suchen, der uns zusammenführt. Was wird aus uns werden, wenn wir für einander verschwinden sollten? – – – […] *So lieben wie ich Dich*, wird Dich nichts mehr, *so lieben wie Du mich*, wirst Du nichts mehr, (verzeihe mir diesen eigennützigen Wunsch) aber verstocke Dein Herz nicht tue ihm keine Gewalt […] Du solltest jetzt erst anfangen zu leben, zu handeln, zu wirken, lass mich kein Hindernis sein, und verträume nicht Dein Leben in hoffnungslose Liebe. Die Natur die Dir alle edeln Kräfte hohen Geist, und tiefes Gefühl gab, hat Dich bestimmt ein edler vortrefflicher glücklicher Mann zu werden, und es in allen Deinen Handlungen zu beweisen.

Isaac von Sinclair an Friedrich Hölderlin, 1802

So schrecklich mir die Nachricht ist, die ich Dir zu geben habe, so kann ich doch nicht das dem Zufall überlassen, wogegen die Hülfe der Freundschaft zu gering ist. […] Der edle Gegenstand Deiner Liebe ist nicht mehr […]. Du glaubtest an Unsterblichkeit, da sie noch lebte, Du wirst itzt gewiss mehr als vorher glauben, da das Leben Deiner Liebe sich vom Vergänglichen geschieden hat. […] Am 22. dieses Monats ist die G. gestorben, an den Röteln, am 10. Tag ihrer Krankheit.

Text

Friedrich Nietzsche: Abschied
Der Freigeist (1884)

Die Krähen schrein
Und ziehen schwirren Flugs zur Stadt:
Bald wird es schnein. –
Wohl dem, der jetzt noch Heimat hat!

Nun stehst du starr,
Schaust rückwärts, ach! wie lange schon!
Was bist Du Narr
Vor Winters in die Welt entflohn?

Die Welt – ein Tor
Zu tausend Wüsten stumm und kalt!
Wer das verlor,
Was du verlorst, macht nirgends halt.

Nun stehst du bleich,
Zur Winter-Wanderschaft verflucht,
Dem Rauche gleich,
Der stets nach kältern Himmeln sucht.

Flieg, Vogel, schnarr
Dein Lied im Wüstenvogel-Ton! –
Versteck, du Narr,
Dein blutend Herz in Eis und Hohn!

Die Krähen schrein
Und ziehen schwirren Flugs zur Stadt:
Bald wird es schnein. –
Weh dem, der keine Heimat hat.

Aufgabe

1. Lesen Sie das Gedicht, das in Gedichtsammlungen auch unter dem Titel „Vereinsamt" erscheint. Erschließen Sie Thematik und dargestellte Situation, und überlegen Sie, inwiefern man hier von einer „Lebenskrise" sprechen kann. Welcher der beiden Titel passt Ihrer Meinung nach besser zum Gedicht?

2. Untersuchen Sie genauer, wer in den einzelnen Strophen spricht und mit welchen sprachlichen Bildern die Situation verdeutlicht wird.

3. Dem Gedicht oben hat Nietzsche eine Antwortstrophe beigegeben, die meist nicht mit abgedruckt wird. Klären Sie den Begriff „Freigeist", und untersuchen Sie die Sprechsituation der „Antwort". Wie beurteilt das lyrische Ich hier seine Situation?

4. Überprüfen Sie, ob es sich bei den Gedichten von Köhler, Hölderlin und Nietzsche um Lebenskrisen handelt.

Friedrich Nietzsche: Antwort

Dass Gott erbarm?
Der meint, ich sehnte mich zurück
In's deutsche Warm,
In's dumpfe deutsche Stuben-
Glück!

Mein Freund, was hier
Mich hemmt und hält, ist *dein*
Verstand!
Mitleid mit *dir*!
Mitleid mit deutschem Quer-
Verstand!

Online-Link
Zusatztexte:
W. Hinck: *Das Thema Einsamkeit bei Nietzsche;*
J. Schönert: *Lyrik und Narratologie*
347466-0018

Tipp zur Weiterarbeit

1. Vergleichen Sie die Interpretationen von Fachwissenschaftlern mit Ihrem eigenen Textverständnis.

2. Stellen Sie aus dem zweiten Kapitel Texte zusammen, in denen „Lebenskrisen" mit Problemen in Liebesbeziehungen verbunden sind. Skizzieren Sie Krisen- und Beziehungsmuster.

2.2 „Phantom, du bist nicht meinesgleichen" – Struktur und Gestaltungsmittel beschreiben

Text

Rolf Dieter Brinkmann: Selbstbildnis im Supermarkt (1968)

für Dieter Wellershoff

In einer
großen
Fensterscheibe des Super-
markts

komme ich mir selbst
entgegen, wie ich bin.

Der Schlag, der trifft, ist
nicht der erwartete Schlag
aber der Schlag trifft mich

trotzdem. Und ich geh weiter

bis ich vor einer kahlen
Wand steh und nicht weiter
weiß.

Dort holt mich dann
sicher jemand

ab.

August Macke (1887–1914): Spiegelbild im Schaufenster, 1913, Öl auf Leinwand

Aufgabe

1. Vergleichen Sie die Situationen der Selbstwahrnehmung in Mackes „Spiegelbild im Schaufenster" und in Brinkmanns „Selbstbildnis im Supermarkt" mit Ihren eigenen Erfahrungen.

2. Skizzieren Sie die Stationen des Geschehens im Gedicht und die Gliederung durch Strophen und Zeilen. Achten Sie dabei auch auf die Beziehung zwischen Satzbau und Zeilenende. Untersuchen Sie Parallelen und Unterschiede der beiden Strukturmuster.

3. Fassen Sie das Geschehen im Gedicht kurz zusammen.

4. In einer „Notiz", die er dem Gedichtband „Die Piloten" voranstellte, in dem das Gedicht erschien, schrieb Brinkmann über seine Art des Gedichteschreibens. Überprüfen Sie diese Auffassung an dem Gedicht.

> „Ich denke, dass das Gedicht die geeignetste Form ist, spontan erfasste Vorgänge und Bewegungen, eine nur in einem Augenblick sich deutlich zeigende Empfindlichkeit konkret als snap-shot festzuhalten."

Text

**Annette von Droste-Hülshoff:
Das Spiegelbild (1844)**

Schaust du mich an aus dem Kristall,
Mit deiner Augen Nebelball,
Kometen gleich, die im Verbleichen;
Mit Zügen, worin wunderlich
Zwei Seelen wie Spione sich
Umschleichen, ja, dann flüstre ich:
Phantom, du bist nicht meinesgleichen!

Bist nur entschlüpft der Träume Hut,
Zu eisen mir das warme Blut,
Die dunkle Locke mir zu blassen;
Und dennoch, dämmerndes Gesicht,
Drin seltsam spielt ein Doppellicht,
Trätest du vor, ich weiß es nicht,
Würd' ich dich lieben oder hassen?

Zu deiner Stirne Herrscherthron,
Wo die Gedanken leisten Fron
Wie Knechte, würd' ich schüchtern blicken;
Doch von des Auges kaltem Glast,
Voll toten Lichts, gebrochen fast,
Gespenstig, würd', ein scheuer Gast,
Weit, weit ich meinen Schemel rücken.

Und was den Mund umspielt so lind,
So weich und hülflos wie ein Kind,
Das möcht' in treue Hut ich bergen;
Und wieder, wenn er höhnend spielt,
Wie von gespanntem Bogen zielt,
Wenn leis' es durch die Züge wühlt,
Dann möcht' ich fliehen wie vor Schergen.

Es ist gewiss, du bist nicht Ich,
Ein fremdes Dasein, dem ich mich
Wie Moses nahe, unbeschuhet,
Voll Kräfte, die mir nicht bewusst,
Voll fremden Leides, fremder Lust;
Gnade mir Gott, wenn in der Brust
Mir schlummernd deine Seele ruhet!

Und dennoch fühl' ich, wie verwandt,
Zu deinen Schauern mich gebannt,
Und Liebe muss der Furcht sich einen.
Ja, trätest aus Kristalles Rund,
Phantom, du lebend auf den Grund,
Nur leise zittern würd' ich, und
Mich dünkt – ich würde um dich weinen!

Glast = Glanz, Schimmer

Scherge = Folter-, Henkersknecht

Moses = biblische Gestalt

Annette von Droste-Hülshoff (1797–1848), 1840, Gemälde von Johann Joseph Sprick

Text

E.T.A. Hoffmann: Tagebucheintrag vom 6. November 1809

Ich denke mir mein Ich durch ein Vervielfältigungsglas – alle Gestalten, die sich um mich herum bewegen, sind Ichs, und ich ärgere mich über ihr Tun und Lassen.

Text

Hermann Hesse: Der Steppenwolf (1927)

Denn es ist ein, wie es scheint, eingeborenes und völlig zwanghaft wirkendes Bedürfnis aller Menschen, daß jeder sein Ich als eine Einheit sich vorstelle. [...] Und wenn in besonders begabten und zart organisierten Menschenseelen die Ahnung ihrer Vielspältigkeit aufdämmert, wenn sie, wie jedes Genie, den Wahn der Persönlichkeitseinheit durchbrechen und sich als mehrteilig, als ein Bündel aus vielen Ichs empfinden, so brauchen sie das nur zu äußern, und alsbald sperrt die Majorität sie ein, ruft die Wissenschaft zu Hilfe, konstatiert Schizophrenie und beschützt die Menschheit davor, aus dem Munde dieser Unglücklichen einen Ruf der Wahrheit vernehmen zu müssen.

Aufgabe

1. „Schaust du mich an …". Klären Sie die Sprechsituation im Gedicht, und überlegen Sie, wie diese mit der Wirkung des Textes zusammenhängt.

2. Untersuchen Sie, wie der Aufbau durch die verschiedenen Stufen der Beziehung zwischen dem Spiegelbild und dem lyrischen Ich geprägt wird.

3. Beschreiben Sie, mit welchen sprachlichen Mitteln (Bildlichkeit, Wortwahl) die Wahrnehmung des Spiegelbildes als „Phantom" dargestellt wird.

4. Deuten Sie die Gestaltungsweise des Spiegelbild-Motivs im Kontext der Zitate von E. T. A. Hoffmann und Hermann Hesse. Informieren Sie sich dazu über die Bezüge zwischen der „Vielspältigkeit" und der Biografie der Droste.

5. Vergleichen Sie Ihre Ergebnisse mit der Deutung des Literaturwissenschaftlers Dieter Borchmeyer.

Text

Dieter Borchmeyer: Das Ich und sein Doppelgänger (1997)

Das Grauen vor sich selbst ist auch das Thema ihres Gedichts „Das Spiegelbild". Das lyrische Ich will nicht wahrhaben, dass das unheimliche Gegenüber mit seinen kometenhaften Augen und den von tiefer Selbstwidersprüchlichkeit geprägten Gesichtszügen – den faustischen „zwei Seelen", die sich wechselseitig ausspionieren, der Doppelheit von Herrscherkälte und kindlicher Weichheit – etwas anderes ist als ein Phantom, albtraumhafte Projektion, ein Nachtmahr […].

Und doch ist dieses bezweifelte Ich im Spiegel, dieses „fremde Dasein" mit seinen Gemütsabgründen, die das betrachtende Ich in sein Unterbewusstsein hinabdrängt, nicht nur ein Mysterium tremendum, vor dem es entsetzt fliehen möchte, sondern auch ein Mysterium fascinosum, zu dem es sich liebend hingebannt fühlt, das gewissermaßen wie der Engel spricht: „Fürchte dich nicht!"

Diese Assoziation ist durchaus angebracht, denn das Eigentümliche, Befremdliche an diesem Gedicht ist ja, dass es das Spiegel-Ich mit den Attributen des Heiligen, den beiden Erscheinungs- und Wirkungsweisen des Numinosen – Schauder und Liebe – ausstattet, es gar zu Jahwe im brennenden Dornbusch steigert, vor dem das betrachtende Ich wie Moses zum Zeichen der Ehrfurcht die Schuhe ablegt. Noch befremdlicher: Das andere Ich verwandelt sich in einen Dämon, dessen Seele zu besitzen für das lyrische Ich ein so grauenvoller Gedanke ist, dass es angstvoll um Gnade ruft. Es würde um den verlorenen Gnadenstand dieses „Phantoms" weinen, träte es als Doppelgänger aus dem Spiegel ins wirkliche Leben.

Das Spiegel-Ich ist ein gefallener Engel – und der gefallene Engel ist der moderne Dichter: der poète maudit. Das fromme Edelfräulein mit der Seele Luzifers, das ist der tiefe Riss durch ihr Wesen, den Annette von Droste-Hülshoff im „Spiegelbild" schaudernd erahnt und doch nicht in ihr Selbstbildnis aufnehmen will.

Mysterium tremendum = erschütterndes Geheimnis

Mysterium fascinosum = faszinierendes Geheimnis

das Numinose = das Göttliche

poète maudit = verfemter Dichter

Tipp zur Weiterarbeit

1. Stellen Sie die Lebensläufe Bettina von Arnims (vgl. S. 11) und der Droste unter dem Aspekt der Anpassung an und des Aufbegehrens gegen gesellschaftlich vorgegebene Rollenmuster vergleichend gegenüber. Beziehen Sie auch Droste-Hülshoffs Gedicht „Am Turme" mit ein.

Online-Link
Zusatztext:
A. Droste-Hülshoff: *Am Turme*
347466-0021

3 Wandel des Menschenbildes

3.1 „Was sind wir Menschen doch“ – Sichtweisen im historischen Kontext

Text

Michael Krüger: Alles ist eitel (2005)

In Zeiten der Not und der Krise schießen die optimistischen Lebensentwürfe und übermütigen Selbstermutigungen oft ruckartig so ins Kraut, dass sie nicht selten den gegenteiligen Effekt hervorrufen: totale Lähmung. Wenn man, wie dieser Tage empfohlen, nur konsumieren soll, um den Staatshaushalt zu retten, dann schmeckt einem das teuerste und beste Essen nicht mehr. Wenn einem ständig Interesse für angeblich lebensnotwendige Reformen abverlangt wird, die nie die Chance der Verwirklichung haben, dann wird man zum resignierten Reformhasser. Und all die lebensgefährlichen Wellness- und Fitness- und anderen Rosskuren, die dem von seiner biologischen Ausstattung her solide und normal funktionierenden Körper zur Verbesserung seiner Leistungsfähigkeit und Schönheitsausstrahlung aufgezwungen werden, sind eine für jeden vernünftigen Menschen unbeschreibliche Folter. Indem wir immerfort etwas tun (und es nicht besser lassen), lenken wir uns von der eigenen Sterblichkeit ab.

In Zeiten der Not ist es angebracht, sich wieder der unvergleichlichen deutschen Barockdichtung zuzuwenden, und ganz besonders dem schlesischen Dichter Andreas Gryphius. Dieser protestantische Pfarrerssohn, 1616, im Todesjahr Shakespeares, in Glogau geboren, zwingt uns dazu, das Leben vom Tod her zu denken.

Text

Andreas Gryphius: Menschliches Elende (1637)

Was sind wir Menschen doch! Ein Wohnhaus grimmer Schmerzen,
Ein Ball des falschen Glücks, ein Irrlicht dieser Zeit,
Ein Schauplatz aller Angst und Widerwärtigkeit,
Ein bald verschmelzter Schnee und abgebrannte Kerzen.

Dies Leben fleucht darvon wie ein Geschwätz und Scherzen.
Die vor uns abgelegt des schwachen Leibes Kleid
Und in das Totenbuch der großen Sterblichkeit
Längst eingeschrieben sind, sind uns aus Sinn und Herzen.

Gleich wie ein eitel Traum leicht aus der Acht hinfällt
Und wie ein Strom verfleußt, den keine Macht aufhält,
So muss auch unser Nam, Lob, Ehr und Ruhm verschwinden.

Was itzund Atem holt, fällt unversehns dahin,
Was nach uns kommt, wird auch der Tod ins Grab hinziehn.
So werden wir verjagt gleich wie ein Rauch von Winden.

Aufgabe

1. Setzen Sie sich mit Michael Krügers Sichtweise der modernen Lebenswelt auseinander.
2. Notieren Sie die Aussagen, mit denen Andreas Gryphius das Wesen des Menschen charakterisiert. Wie werden diese durch die Bildlichkeit unterstützt?

Gabriel Rollenhagen (1583–1619): Emblem, 1615, Radierung

Aufgabe

1. In ihrer Bildlichkeit greift die Barockdichtung auf den Fundus der Emblembücher zurück. Zeigen Sie Parallelen und Unterschiede zwischen den Bildelementen des abgebildeten Emblems und des Gedichts.

2. Das Vanitas-Motiv steht im Zeitalter des Barock in einem engen Zusammenhang mit dem religiös geprägten Welt- und Menschenbild. Setzen Sie das Stillleben und den Katalogtext in Bezug zu dem Gedicht. Formulieren Sie daraufhin die implizite Appellstruktur und „Botschaft“ des Gedichts. Beurteilen Sie die Aktualität dieser Botschaft.

Französische Schule: Vanitas-Stillleben, 1. Hälfte 17. Jahrhundert, Öl auf Leinwand

Text

Katalogtext zum Stillleben

Ans Ende dieser Reihe emblematisch-zeichenhafter Vanitas-Stillleben stellen wir ein außerordentliches Gemälde von einem der so genannten *Peintres de la réalité,* die die Lehren Caravaggios und der Caravaggisten in ein französisches Idiom umsetzten. Das klar gerichtete, genau und streng modellierende Licht vereinzelt jeden Gegenstand: die halbierte Apfelsine des Sündenfalls, die Bücher, der Degen, die Laute als Zeichen der vita contemplativa, der vita activa und der voluptaria (= Begierde). Links das Spielbrett des Müßiggängers und daneben der Beutel käuflicher Liebe. Spiegel, Laute, Blumen, Orange und Beutel weisen zugleich auf die fünf Sinne.

Michelangelo da Caravaggio (1573–1610) = italienischer Barockmaler

Text

Gottfried Keller: Abendlied (1879)

Augen, meine lieben Fensterlein,
Gebt mir schon so lange holden Schein,
Lasset freundlich Bild um Bild herein:
Einmal werdet ihr verdunkelt sein!

Fallen einst die müden Lider zu,
Löscht ihr aus, dann hat die Seele Ruh;
Tastend streift sie ab die Wanderschuh,
Legt sich auch in ihre finstre Truh.

Noch zwei Fünklein sieht sie glimmend stehn,
Wie zwei Sternlein innerlich zu sehn,
Bis sie schwanken und dann auch vergehn,
Wie von eines Falters Flügelwehn.

Doch noch wandl ich auf dem Abendfeld,
Nur dem sinkenden Gestirn gesellt;
Trinkt, o Augen, was die Wimper hält,
Von dem goldnen Überfluss der Welt!

Gottfried Keller (1819–1890), 1886, Gemälde von Karl Stauffer

Aufgabe

1. Untersuchen Sie die Bildlichkeit, mit der in Kellers „Abendlied" der Vorgang des Sterbens dargestellt wird.
2. Erschließen Sie das Welt- und Menschenbild Kellers im Kontrast zur letzten Strophe von Gryphius' Gedicht „Abend":

„Lass, wenn der müde Leib entschläft, die Seele wachen
Und wenn der letzte Tag wird mit mir Abend machen,
So reiß mich aus dem Tal der Finsternis zu dir."

Online-Link
- Zusatztext: L. Feuerbach: *Das Wesen des Christentums*

347466-0024

3. Kellers Sichtweise wurde von dem Philosophen Ludwig Feuerbach (1804–1870) beeinflusst, der die Religion einer radikalen Kritik unterzog. Informieren Sie sich über diese Kritik und das Menschenbild des Atheismus, und klären Sie vor diesem Hintergrund Kellers Auffassung im Brief an Baumgartner. Beziehen Sie auch den Online-Text von Feuerbach mit ein.

Text

Gottfried Keller an Wilhelm Baumgartner, 27. 3. 1851

[...] Sehr gefreut hat mich die Art, wie Du meinen Anschluss an Feuerbach aufgenommen hast, und ich ersehe daraus, dass Du die Sache im rechten Lichte ansiehst. Wie trivial erscheint mir gegenwärtig die Meinung, dass mit dem Aufgeben der so genannten religiösen Ideen alle Poesie und erhöhte Stimmung aus der Welt verschwinde! Im Gegenteil! Die Welt ist mir unendlich schöner und tiefer geworden, das Leben ist wertvoller und intensiver, der Tod ernster, bedenklicher und fordert mich nun erst mit aller Macht auf, meine Aufgabe zu erfüllen und mein Bewusstsein zu reinigen und zu befriedigen, da ich keine Aussicht habe, das Versäumte in irgendeinem Winkel der Welt nachzuholen. [...] Nur für die Kunst und Poesie ist von nun an kein Heil mehr ohne vollkommene geistige Freiheit und ganzes glühendes Erfassen der Natur ohne alle Neben- und Hintergedanken, und ich bin fest überzeugt, dass kein Künstler mehr eine Zukunft hat, der nicht ganz und ausschließlich sterblicher Mensch sein will. [...]

Text

Bertolt Brecht:
Von der Freundlichkeit der Welt (1926)

1
Auf die Erde voller kaltem Wind
Kamt ihr alle als ein nacktes Kind.
Frierend lagt ihr ohne alle Hab
Als ein Weib euch eine Windel gab.

2
Keiner schrie euch, ihr wart nicht begehrt
Und man holte euch nicht im Gefährt.
Hier auf Erden wart ihr unbekannt
Als ein Mann euch einst nahm an der Hand.

3
Und die Welt, die ist euch gar nichts schuld:
Keiner hält euch, wenn ihr gehen wollt.
Vielen, Kinder, wart ihr vielleicht gleich.
Viele aber weinten über euch.

4
Von der Erde voller kaltem Wind
Geht ihr all bedeckt mit Schorf und Grind.
Fast ein jeder hat die Welt geliebt
Wenn man ihm zwei Hände Erde gibt.

Text in alter Rechtschreibung

Grind = Wundkruste

Aufgabe

1. Erschließen Sie den Text thematisch vor dem Hintergrund des christlichen Welt- und Menschenbildes der Barockliteratur.

2. Untersuchen Sie, wie Brecht Gestaltungsmittel des Genres „Lied" aufgreift und einsetzt. Hören Sie sich eine Vertonung an (z. B. gesungen von Gisela May oder Ernst Busch).

3. Der Schriftsteller und Philosoph Walter Benjamin sah in der Reduktion auf reduzierte Freundlichkeiten in einer kalten Welt bei der Geburt, beim Schritt ins Leben und beim Tod „ein Minimalprogramm der Humanität". Setzen Sie sich mit dieser Auffassung auseinander.

4. Brecht schrieb im letzten Jahr seines Lebens ein „Gegenlied". Vergleichen Sie Sprechhaltung und lyrische Genres der beiden Texte, und erläutern Sie den Wandel im Weltbild Brechts, der in diesem späten Gedicht deutlich wird.

Soll das heißen, daß wir uns bescheiden
Und »so ist es und so bleib es« sagen sollen?
Und die Becher sehend, lieber Dürste leiden
Nach den leeren greifen sollen, nicht den vollen?

Soll das heißen, daß wir draußen bleiben
Ungeladen in der Kälte sitzen müssen
Weil da große Herrn geruhn, uns vorzuschreiben
Was da zukommt uns an Leiden und Genüssen?

Besser scheint's uns doch, aufzubegehren
Und auf keine kleinste Freude zu verzichten
Und die Leidenstifter kräftig abzuwehren
Und die Welt uns endlich häuslich einzurichten!

Text in alter Rechtschreibung

3.2 „Edel sei der Mensch“ – Sichtweisen gegenüberstellen und vergleichen

Text

Johann Wolfgang von Goethe: Das Göttliche (1783)

Edel sei der Mensch,
Hilfreich und gut!
Denn das allein
Unterscheidet ihn
Von allen Wesen,
Die wir kennen.

Heil den unbekannten
Höhern Wesen,
Die wir ahnen!
Ihnen gleiche der Mensch;
Sein Beispiel lehr' uns
Jene glauben.

Denn unfühlend
Ist die Natur:
Es leuchtet die Sonne
Über Bös' und Gute,
Und dem Verbrecher
Glänzen wie dem Besten
Der Mond und die Sterne.

Wind und Ströme,
Donner und Hagel
Rauschen ihren Weg
Und ergreifen
Vorübereilend
Einen um den andern.

Auch so das Glück
Tappt unter die Menge,
Fasst bald des Knaben
Lockige Unschuld,
Bald auch den kahlen
Schuldigen Scheitel.

Nach ewigen, ehrnen,
Großen Gesetzen
Müssen wir alle
Unseres Daseins
Kreise vollenden.

Nur allein der Mensch
Vermag das Unmögliche:
Er unterscheidet,
Wählet und richtet;
Er kann dem Augenblick
Dauer verleihen.

Er allein darf
Den Guten lohnen,
Den Bösen strafen,
Heilen und retten,
Alles Irrende, Schweifende
Nützlich verbinden.

Und wir verehren
Die Unsterblichen,
Als wären sie Menschen,
Täten im Großen,
Was der Beste im Kleinen
Tut oder möchte.

Der edle Mensch
Sei hilfreich und gut!
Unermüdet schaff' er
Das Nützliche, Rechte,
Sei uns ein Vorbild
Jener geahneten Wesen!

Aufgabe

1. Formulieren Sie in eigenen Worten, welche Eigenschaften den Menschen auszeichnen und worin er sich von der „Natur“ unterscheidet.
2. Untersuchen Sie, wie das Menschenbild mit den Vorstellungen von „höhern Wesen“ (Z. 8) zusammenhängt. Deuten Sie den Titel des Gedichts.
3. Erschließen Sie, wie in Goethes Gedicht der Appellcharakter mit der Reflexionsstruktur verbunden wird.
4. Das Gedicht wird meist dem lyrischen Genre der „Hymne“ zugeordnet. Untersuchen Sie Sprache und Stil dieses Gedichts.
5. Vergleichen Sie das Menschenbild in Goethes Hymne mit Herders Sichtweise in dem Ausschnitt aus den „Ideen zu einer Philosophie der Geschichte der Menschheit“ (vgl. S. 27).

Text

Johann Gottfried Herder: Ein König der Erde ... (1784)

Der Mensch hat den Königsvorzug, mit hohem Haupt, aufgerichtet weit umherzuschauen, freilich also auch vieles dunkel und falsch zu sehen, oft sogar seine Schritte zu vergessen und erst durch Straucheln erinnert zu werden, auf welcher engen Basis das ganze Kopf- und Herzensgebäude seiner Begriffe und Urteile ruhe; indessen ist und bleibt er seiner hohen *Verstandesbestimmung* nach, was kein anderes Erdengeschöpf ist: ein Göttersohn, ein König der Erde.

Um die Hoheit dieser Bestimmung zu fühlen, lasset uns bedenken, was in den großen Gaben Vernunft und Freiheit liegt und wie viel die Natur gleichsam wagte, da sie dieselbe einer so schwachen, vielfach gemischten Erdorganisation, als der Mensch ist, anvertraute. Das Tier ist nur ein gebückter Sklave, wenngleich einige edlere derselben ihr Haupt emporheben oder wenigstens mit vorgerecktem Halse sich nach Freiheit sehnen. Ihre noch nicht zur Vernunft gereifte Seele muss notdürftigen Trieben dienen und in diesem Dienst sich erst zum eignen Gebrauch der Sinne und Neigungen von fern bereiten. Der Mensch ist der erste *Freigelassene* der Schöpfung; er stehet aufrecht. Die Waage des Guten und Bösen, des Falschen und Wahren hängt in ihm: er kann forschen, er soll wählen. Wie die Natur ihm zwo freie Hände zu Werkzeugen gab und ein überblickendes Auge, seinen Gang zu leiten, so hat er auch in sich die Macht, nicht nur die Gewichte zu stellen, sondern auch, wenn ich so sagen darf, *selbst Gewicht zu sein* auf der Waage. Er kann dem trüglichsten Irrtum Schein geben und ein freiwillig Betrogener werden; er kann die Ketten, die ihn, seiner Natur entgegen, fesseln, mit der Zeit lieben lernen und sie mit mancherlei Blumen bekränzen. Wie es also mit der getäuschten Vernunft ging, gehet's auch mit der missbrauchten oder gefesselten Freiheit; sie ist bei den meisten das Verhältnis der Kräfte und Triebe, wie Bequemlichkeit oder Gewohnheit sie festgestellet haben. Selten blickt der Mensch über diese hinaus und kann oft, wenn niedrige Triebe ihn fesseln und abscheuliche Gewohnheiten ihn binden, ärger als ein Tier werden.

Indessen ist er, auch seiner Freiheit nach, und selbst im ärgsten Missbrauch derselben, ein König. Er darf doch wählen, wenn er auch das Schlechteste wählte; er kann über sich gebieten, wenn er sich auch zum Niedrigsten aus eigner Wahl bestimmte. Vor dem Allsehenden, der diese Kräfte in ihn legte, ist freilich sowohl seine Vernunft als Freiheit begrenzt; und sie ist glücklich begrenzt, weil, der die Quelle schuf, auch jeden Ausfluss derselben kennen, vorhersehen und so zu lenken wissen musste, dass der ausschweifendste Bach seinen Händen nimmer entrann; in der Sache selbst aber und in der Natur des Menschen wird dadurch nichts geändert. Er ist und bleibt für sich ein freies Geschöpf, obwohl die all umfassende Güte ihn auch in seinen Torheiten umfasset und diese zu seinem und dem allgemeinen Besten lenket. Wie kein getriebenes Geschoss der Atmosphäre entfliehen kann, aber auch, wenn es zurückfällt, nach einen und denselben Naturgesetzen wirket, so ist der Mensch im Irrtum und in der Wahrheit, im Fallen und Wiederaufstehen Mensch, zwar ein schwaches Kind, aber doch ein Freigeborner; wenn noch nicht vernünftig, so doch einer bessern Vernunft fähig; wenn noch nicht zur Humanität gebildet, so doch zu ihr bildbar.

Tipp zur Weiterarbeit

1. Setzen Sie sich mit folgender Kritik an Goethes Hymne auseinander:

> „Abstraktes Edles, Hilfreiches und Gutes, ist es auch noch so idealtypisch human gedacht, entgeht kaum der Gefahr, zur Floskel zu werden, die sich jedermann aneignen kann, ohne über die Maßstäbe Auskunft zu geben.“ (Karl Otto Conrady)

2. Vergleichen Sie das Menschenbild bei Goethe mit dem bei Matthias Claudius (vgl. S. 9). Ziehen Sie dazu den Text von Gerhard Kaiser heran.

Online-Link
Zusatztext:
G. Kaiser:
Menschenbilder
347466-0027

Text

Franz Schnabel: Das Humanitätsideal des deutschen Idealismus (1929)

„Humanität“ hatte auch die Aufklärung gewollt, und sie hatte dabei von Gedanken gelebt, die auf das stoische und das christliche Naturrecht zurückgingen. Aber sie hatte vornehmlich nur das praktische Ziel im Auge gehabt, der menschlichen Gesellschaft zu nützen durch Aufhellung des Geistes und Verscheuchung dumpfer Vorurteile, durch Entwicklung der natürlichen Tugenden der Selbstbeherrschung und Nächstenliebe. Das Humanitätsideal des deutschen Idealismus war reicher und tiefer. „Jeder individuelle Mensch“ – hat Schiller gesagt – „trägt der Anlage und Bestimmung nach einen reinen, idealischen Menschen in sich, mit dessen unveränderlicher Einheit in allen Abwechslungen übereinzustimmen, die große Aufgabe seines Daseins ist.“ Das Individuum zum Menschen emporzuläutern, war der Sinn des neuen Lebensgefühls. Es war die Ansicht, dass wir nicht Menschen von Geburt sind, sondern es erst durch Erziehung werden sollen, dass Menschentum kein Natur-, sondern ein Kulturbegriff sei. [...] Der Einzelne soll sich selbst und sein Leben zum Kunstwerk gestalten durch harmonische Ausbildung aller in ihm liegenden Fähigkeiten, er soll sich zur „Individualität" emporbilden. Die „Individualität" aber findet ihre Erfüllung in der „Universalität" und in der „Totalität": Indem der Mensch alle Seelenkräfte, auch Gefühl und Willen entwickelt, um die Dinge nicht nur zu erkennen, sondern sie auch wertend und wollend zu umfassen, vermag er die eigene innere Welt zum Universum zu erweitern, und indem er jeden Teil, der ihm begegnet, als ein Ganzes und im Zusammenhang eines Ganzen zu ergreifen sich gewöhnt, gewinnt er die Totalansicht der Dinge und vermag das Äußere sich anzueignen, es in seinen inneren Besitz zu verwandeln. [...] Mit der Inbrunst eines neuen Glaubens haben alle diese Denker das Humanitätsideal in sich gestaltet und sich eine Art Religion daraus gebildet, die ganz innerweltlich empfunden und ganz auf das undemütige Selbstvertrauen der autonomen und in sich ruhenden Persönlichkeit gebaut war. Auch hier war der Abstand zur Tugendlehre des Rationalismus, die alles auf Wissen oder Weisheit gestellt hatte, ein gewaltiger. Lessing – der in keiner Hinsicht die Aufklärung seiner Zeit mehr überflügelt hat als in seinen religiösen Ideen – hatte die neue Lebensstimmung der Klassiker vorbereitet, die von der bisherigen Aufklärung die Ablehnung aller Dogmatik und Kirchlichkeit übernahm, darüber hinaus aber eine Frömmigkeit lediglich auf den guten Willen, auf Gesinnung und Tat zu gründen suchte. In der Gestalt Iphigeniens hat dieses neue Bewusstsein, das man „Humanitätsreligion" nannte, seinen letzten künstlerischen Ausdruck gefunden: „Alle menschlichen Gebrechen sühnet reine Menschlichkeit."

Aufgabe

1. Erschließen Sie aus dem Text des Historikers Schnabel das Humanitätsideal der Klassik. Erläutern Sie den engen Zusammenhang zwischen Humanitätsvorstellung und Bildungsidee.

Text

Gottfried Benn: Der Arzt II (1917)

Die Krone der Schöpfung, das Schwein, der Mensch –:
geht doch mit anderen Tieren um!
Mit siebzehn Jahren Filzläuse,
zwischen üblen Schnauzen hin und her,
Darmkrankheiten und Alimente,
Weiber und Infusorien,
mit vierzig fängt die Blase an zu laufen –:
meint ihr, um solch Geknolle wuchs die Erde
von Sonne bis zum Mond –? Was kläfft ihr denn?
Ihr sprecht von Seele – Was ist eure Seele?
Verkackt die Greisin Nacht für Nacht ihr Bett –
schmiert sich der Greis die mürben Schenkel zu,
und ihr reicht Fraß, es in den Darm zu lümmeln,
meint ihr, die Sterne samten ab vor Glück ...?
Äh! – Aus erkaltendem Gedärm
spie Erde wie aus anderen Löchern Feuer,
eine Schnauze Blut empor –:
das torkelt
den Abwärtsbogen
selbstgefällig in den Schatten.

Infusorien = Sammelbezeichnung für kleine, meist einzellige Organismen

Otto Dix (1891-1969): Die sieben Todsünden, 1933, Öl und Tempera auf Leinwand

Aufgabe

1. Benns Gedicht erschien 1917 in einer Gedichtsammlung mit dem Titel „Fleisch". Überlegen Sie, welche Provokationen der Titel und die Thematik des Gedichts für die zeitgenössischen Leser darstellten. Vergleichen Sie mit der Darstellung der Menschen bei Dix.

2. Erläutern Sie, gegen welches Menschenbild Benn revoltiert. Untersuchen Sie, welche Darstellungsmittel er dabei verwendet.

3. Erschließen Sie aus dem Text von Benn (vgl. S. 29) die geistige Strömung des „Nihilismus". Erweitern Sie Ihr Verständnis durch eigene Recherchen, und stellen Sie Bezüge her zu Benns Gedicht.

Text

Gottfried Benn: Nach dem Nihilismus (1932)

Es begann das Zeitalter, dessen Lehre dahin ging, der Mensch sei gut. […], das heißt sofern er schlecht erscheint, ist das Milieu daran schuld oder die Abstammung oder die Gesellschaft. Alle Menschen sind gut, das heißt, alle Menschen sind gleich, gleich wertvoll, gleich stimmfähig, gleich anhörenswert in allen Fragen, nur keine Entfernung vom Durchschnittstyp, nichts Großes, nichts Außergewöhnliches. Der Mensch ist gut, aber nicht heroisch, man übertrage ihm ja keine Verantwortung, verwertbar soll er sein, zweckmäßig, idyllisch –: Entwertung alles Tragischen, Entwertung alles Schicksalhaften, Entwertung alles Irrationalen, nur das Plausible soll gelten, nur das Banale. […]

Der Mensch ist gut, sein Wesen rational, und alle seine Leiden sind hygienisch und sozial bekämpfbar, dies einerseits und andererseits die Schöpfung sei der Wissenschaft zugänglich, aus diesen beiden Ideen kam die Auflösung aller alten Bindung, die Zerstörung der Substanz, die Nivellierung aller Werte, aus ihnen die innere Lage, die jene Atmosphäre schuf, in der wir alle lebten, von der wir alle bis zur Bitterkeit und bis zur Neige tranken: Nihilismus.

Aufgabe

1. Im Verlauf dieses Teilkapitels haben Sie verschiedene Sichtweisen auf den Tod und verschiedene Menschenbilder kennengelernt. Stellen Sie Gemeinsamkeiten und Unterschiede zusammen. Ziehen Sie auch das Gedicht „Schädelbasislektion" von Durs Grünbein heran. Berücksichtigen Sie den Epochenkontext, in dem die Gedichte entstanden sind.

Online-Link
- Zusatztexte:
D. Grünbein: *Schädelbasislektion*
D. Grünbein: *Warum schriftlos leben*
347466-0029

Kompetenzen

Was Sie wissen müssen:

- Überblick über den Wandel des Menschenbildes vom Barock bis zur Gegenwart
- Einsicht in die verschiedenen Sichtweisen von Stationen und Phasen des Lebens
- Verständnis individuell und historisch bedingter Lebenskrisen und Identitätsprobleme
- Einsicht in das Humanitätsideal der deutschen Klassik
- Überblick über Epochen der deutschen Literatur vom Barock bis zur Gegenwart
- Überblick über den Wandel lyrischer Ausdrucksformen
- Einsicht in Zusammenhänge zwischen der Vielfalt lyrischen Sprechens und dem Wandel der Auffassungen von Intentionen und Funktionen der Literatur
- Kenntnis der Aspekte und Kategorien der Erschließung und Interpretation lyrischer Texte
- Überblick über gattungsspezifische Formelemente und Gestaltungsmittel der Lyrik (Sprechsituation; Rolle des lyrischen Ich; Bildlichkeit; sprachliche Verdichtung: Rhetorik, Reim, Klangestalt; Bauelemente: Genre, Strophe, Vers, Metrum)

Was Sie können müssen:

- Gedichte im Hinblick auf wesentliche formale, sprachliche und inhaltliche Elemente erschließen und deuten
- Gedichte mithilfe verschiedener Kontexte (biografisch, historisch-gesellschaftlich, Welt- und Menschenbild der Epoche, epochenspezifische Themen, Motive und Gestaltungsmittel) erschließen und deuten
- Gedichte im Hinblick auf die unterschiedliche Gestaltungsweisen von Themen und Motiven vergleichend interpretieren
- Gedichte mit Hilfe gestaltender Verfahren interpretieren
- Unterschiedliche Sichtweisen des Menschen und unterschiedliche Sinnentwürfe erläutern und bewerten
- Historisch bedingte Intentionen und Ausdrucksformen lyrischen Sprechens beurteilen
- Einen literarischen Text gestaltend interpretieren
- Literarische Texte in einen zeitgeschichtlichen und sozialgeschichtlichen Hintergrund einordnen

Liebesauffassungen und -erfahrungen vom Mittelalter bis zur Gegenwart

Problemhorizont

Was ist Liebe?

„Gerade die Sachen, von denen am meisten g'redt wird, gibt's nicht … zum Beispiel die Liebe."
(Arthur Schnitzler: Der Reigen)

Text

Helen Fisher: Drei Gehirnsysteme für die Liebe (2001)

„Liebe" [kann man] als drei grundlegende, von einander verschiedene, aber untereinander zusammenhängende emotionale Systeme im Gehirn betrachten […]: Lust, Anziehung und Verbundenheit. […]

Der Sexualtrieb, der in erster Linie mit Androgenen und Östrogenen verbunden ist, motiviert die Individuen, sexuelle Befriedigung bei irgendeinem passenden Mitglied derselben Art zu suchen. Das Anziehungssystem, das vor allem an erhöhte Konzentration von Dopamin und Norepinephrin und verringerte Werte von Serotonin geknüpft ist, treibt die Individuen an, ihr Paarungsbemühen auf bevorzugte Individuen zu richten. Das Verbundenheitssystem, vor allem an Oxytocin und Vasopressin gekoppelt, veranlasst die Individuen, artspezifische elterliche Pflichten zu übernehmen. […]

Sind wir Marionetten an einem DNA-Faden? Ganz und gar nicht. Zusammen mit der Evolution der Schaltkreise im Gehirn für Lust, Anziehung und Verbundenheit entwickelten sich andere Bereiche und Netzwerke im Gehirn. Die wichtigste war […] der präfrontale Cortex, […] die „Kommandozentrale" oder das „Schaltwerk" des Verstandes. […]

Die Biologie lässt uns auf allgemeine Art lieben. Kulturelle Erfahrungen formen unsere Neigungen. Dann eignet sich jeder von uns Gefühle und Ideen auf seine eigene, besondere Art an. Mit unserer Psyche überwachen wir die Kräfte der Lust, der Anziehung, der Verbundenheit und der Ablösung, und oft setzen wir uns mit ihrer Hilfe sogar über diese Kräfte hinweg.

Text

Tobias Brocher: Von der Schwierigkeit zu lieben (1975)

Warum suchen wir denn die Nähe, Wärme und Liebe eines anderen Menschen? Sicher ist der erste Schritt meist verbunden mit den vergessenen Erinnerungen an „selige" erste Erlebnisse dieser Art. Im Paradies des Säuglings- und Kleinkinddaseins wird die ungetrennte Einheit (Symbiose) erfahren, die wärmende, nährende, lustvolle und schützende Erfahrung begründet. Sie wird verloren im ersten Erlebnis des Getrenntseins und der Abtrennung aus der frühen Einheit Mutter und Kind, aber die Sehnsucht bleibt erhalten. Der erste Schritt der Vereinigung mit einem anderen Menschen, seine Nähe, Wärme und Liebe beleben diese Sehnsucht und Erfahrung von neuem. Beide werden zur Triebkraft der Liebe nur dann, wenn die Erwartung nicht einseitig auf Empfangen und Erhalten ausgerichtet bleibt. Erwachsene Liebe fordert volle Gegenseitigkeit, wie immer diese Ergänzung im einzelnen sich auch verteilen mag. Bleibt jedoch die kindliche Sehnsucht nach untrennbarer Vereinigung so stark erhalten, dass ihre Dauer gefordert wird und Trennung nicht ertragen werden kann, so steigert sich zugleich die Angst, nicht das zu erhalten, was (unbewusst) ersehnt wird.

Aufgabe zur Selbsteinschätzung

1. Formulieren Sie ein kurzes Statement zu dem Schnitzler-Zitat.
2. Vergleichen Sie die wissenschaftlichen Zugänge und Erklärungsversuche von „Liebe" bei Fisher und Brocher.
3. Entwickeln Sie aus Ihren eigenen Vorstellungen und den Textausschnitten Problemaspekte des Themas „Liebe", und halten Sie diese in einer Mindmap fest.

1 Epochentypische Vorstellungen von Liebe – Sichtweisen in kulturellen Kontexten

1.1 „Waz ist minne?" – Liebe in der höfischen Gesellschaft des Mittelalters

Text

Walter von der Vogelweide: Under der linden

Under der linden
an der heide,
dâ unser zweier bette was,
dâ mugent ir vinden
schône beide
gebrochen bluomen unde gras.
vor dem walde in einem tal,
tandaradei,
schône sanc diu nahtegal.

Ich kam gegangen
zuo der ouwe,
dô was mîn friedel komen ê.
dâ wart ich enpfangen,
hêre frouwe!
daz ich bin sælic iemer mê.
kust er mich? wol tûsentstunt,
tandaradei,
seht wie rôt mir ist der munt!

Dô het er gemachet
alsô rîche
von bluomen eine bettestat.
des wirt noch gelachet
inneclîche,
kumt iemen an daz selbe pfat.
bî den rôsen er wol mac,
tandaradei,
merken wâ mirz houbet lac.

Daz er bî mir læge,
wessez iemen,
(nu enwelle got!) sô schamt ich mich.
wes er mit mir pflæge,
niemer niemen
bevinde daz, wan er und ich
und ein kleinez vogellîn,
tandaradei,
daz mac wol getriuwe sîn.

Manessische Liederhandschrift: Schenk von Limburg (um 1250) lässt sich von seiner Dame den Helm aufsetzen, 1310–1340, Buchmalerei

friedel = Geliebter, Freund

bettestat = Lager

pfat = Ort

Aufgabe

1. Untersuchen Sie Sprecherrolle, Sprechsituation und Adressatenbezug im Gedicht „Under der linden". Klären Sie das Verhältnis zwischen Mitteilen und Verschweigen im Sprechen über die „Liebe".

Online-Link
Zusatztext: W. von der Vogelweide: *Under der linden*, neuhochdeutsche Übertragung
347466-0031

Text

Bernd Lutz: Minnesang (1989)

Der Minnesang ist seinem bevorzugten Ort – dem höfischen Fest – und seinem Wesen nach gesellschaftliche Kunst. Er setzt nicht nur die versammelte Ritterschaft, sondern auch die Anwesenheit der Damen voraus. Die Grundkonstellation des Minnesangs ist des öfteren als paradox bezeichnet worden: Der Minnesänger stimmt ein Werbe- und Preislied auf eine der anwesenden Damen an; ihm ist aber bewusst, dass er seine Dame nie erobern wird. Wovon er singt, wird er nie erleben, ein elementarer Grund für die introvertierte Diktion des Minnesangs und sein resignatives Erstarren in der gesellschaftlichen Konvention. Da die Minne eine körperliche Begegnung ausschließt, ist sie ganz als ethische, erzieherische Kraft zu sehen.

Text

Volker Meid: Walther von der Vogelweide (2004)

Walther gilt bereits im Mittelalter als größter deutscher Dichter seiner Zeit. Gottfried von Straßburg nennt ihn im *Tristan* (um 1210), nach dem Tod Reinmars, der „Nachtigall‘ „von Hagenouwe“, den führenden deutschen Minnesänger. Seit etwa 1190 trat er in dieser Funktion auf und entwickelte über die Konzeption der ‚hohen Minne‘ hinaus eine große Vielseitigkeit. Er erprobte verschiedene Alternativen zu den stereotypen Situationen der klagenden Liebe, ohne dass er damit den höfischen Charakter seiner Kunst aufgegeben oder Lieder der ‚hohen Minne‘ aus seinem Repertoire gestrichen hätte. Der Ideologie der einseitigen Liebe und der Ästhetik des Leidens, wie sie besonders Reinmar vertritt, setzt er die Forderung einer Liebe auf Gegenseitigkeit entgegen, wobei die Skala von den ‚Mädchenliedern‘ und ihrer Darstellung erfüllter Liebe in einer idyllischen Natur („Under der linden“) bis zu Liedern reicht, die in der höfischen Sphäre bleiben, doch den Begriff Frau („wîp“) über den Standesbegriff Herrin („frouwe“) stellen und ein liebendes Entgegenkommen möglich erscheinen lassen.

Aufgabe

1. Erläutern Sie mit Hilfe des Textausschnitts von Lutz den gesellschaftlichen Kontext und die Paradoxie der Minnelyrik.

2. „Waz ist minne“? Formulieren Sie die Antwort, die Walter von der Vogelweide in der ersten Strophe des Gedichts „Saget mir ieman“ und in „Under der linden“ darauf gibt. Ziehen Sie auch den Text von Volker Meid herzu.

Walter von der Vogelweide

Saget mir ieman, waz ist minne?
weiz ich des ein teil, sô wist ichs gerne mê.
Der sich baz denn ich versinne,
der berihte mich durch waz si tuot sô wê.
Minne ist minne, tuot si wol;
tuot si wê, so enheizet si niht rehte minne.
sus enweiz ich wie si danne heizen sol.

1.2 „Drumb laß uns jetzt genießen“ – Erotik im Schatten der Vanitas

Text

Horaz: Ode XI

Du frage nicht – zu wissen wäre Frevel –, was mir, was dir
als Ziel die Götter gesetzt, Leukonoe, auch nicht babylonische Stern-
zeichen prüfe! Wie viel besser: Was auch geschieht, zu tragen.
Ob viele Winter noch, ob gewährt hat Jupiter schon den letzten,
der jetzt an widerstrebenden Klippen bricht das Meer
Tyrrhenias – weise sei, kläre den Wein, auf kurze Dauer
langwährende Hoffnung bemiss! Da wir noch sprechen, ist schon entflohen die neidische
Zeit: greif diesen Tag, nimmer traue dem nächsten!

greif diesen Tag = (lat.) carpe diem

Text

Martin Opitz:
Ach Liebste laß uns eilen (1624)

Ach Liebste / laß vns eilen /
Wir haben Zeit:
Es schadet das verweilen
Vns beyderseit.
Der edlen Schönheit Gaben
Fliehn fuß für fuß:
Das alles was wir haben
Verschwinden muß.
Der Wangen Ziehr verbleichet /
Das Haar wird greiß /
Der Augen Fewer weichet /
Die Brunst wird Eiß.
Das Mündlein von Corallen
Wird vngestalt /
Die Händ' als Schnee verfallen /
Vnd du wirst alt.
Drumb laß vns jetzt genießen
Der Jugend Frucht /
Eh' als wir folgen müssen
Der Jahre Flucht.
Wo du dich selber liebest /
So liebe mich /
Gieb mir / das / wann du giebest /
Verlier auch ich.

Text in alter Rechtschreibung

Hans Baldung Grien (1484/85–1545): Der Tod und die Frau, um 1520/25, Tempera auf Lindenholz

Aufgabe

1. Untersuchen Sie, welche Motive Hans Baldung im Bild „Tod und Frau“ aufgreift und wie er diese verbindet. Formulieren Sie ein Thema als Bildtitel. Stellen Sie thematische Bezüge zu Opitz' Gedicht her.

2. Untersuchen Sie Sprechsituation, Rollenbeziehung der Geschlechter und Appellstruktur in Opitz' Gedicht.

3. Klären Sie das Spannungsfeld zwischen den Themen Vanitas, Memento mori (vgl. S. 22 f.) und Carpe diem. Deuten Sie die Auffassung von „Liebe“ in diesem Kontext.

4. Gestalten Sie das Gedicht als Botschaft eines weiblichen lyrischen Ich um. Überlegen Sie, ob ein solches Gedicht in die Barockzeit gepasst hätte.

1.3 „O Lieb, o Liebe“ – Erlebte Liebe vom Sturm und Drang zur Romantik

Text

Johann Wolfgang von Goethe: Maifest (1771)

Wie herrlich leuchtet
Mir die Natur!
Wie glänzt die Sonne!
Wie lacht die Flur!

Es dringen Blüten
Aus jedem Zweig
Und tausend Stimmen
Aus dem Gesträuch

Und Freud und Wonne
Aus jeder Brust.
O Erd’, o Sonne,
O Glück, o Lust,

O Lieb’, o Liebe,
So golden schön
Wie Morgenwolken
Auf jenen Höhn,

Du segnest herrlich
Das frische Feld,
Im Blütendampfe
Die volle Welt!

O Mädchen, Mädchen,
Wie lieb’ ich dich!
Wie blinkt dein Auge,
Wie liebst du mich!

So liebt die Lerche
Gesang und Luft,
Und Morgenblumen
Den Himmelsduft,

Wie ich dich liebe
Mit warmem Blut,
Die du mir Jugend
Und Freud’ und Mut

Zu neuen Liedern
Und Tänzen gibst.
Sei ewig glücklich,
Wie du mich liebst.

Text

Johann Wolfgang von Goethe: Aus „Dichtung und Wahrheit“ (1814)

Erste Begegnung mit Friederike

Die älteste Tochter kam wieder hastig in die Stube, unruhig, ihre Schwester nicht gefunden zu haben. Man war besorgt um sie und schalt auf diese oder jene böse Gewohnheit; nur der Vater sagte ganz ruhig: „Lasst sie immer gehn, sie kommt schon wieder!“ In diesem Augenblick trat sie wirklich in die Türe; und da ging führwahr an diesem ländlichen Himmel ein allerliebster Stern auf. Beide Töchter trugen sich noch deutsch, wie man es zu nennen pflegte, und diese fast verdrängte Nationaltracht kleidete Friedriken besonders gut. Ein kurzes weißes rundes Röckchen mit einer Falbel, nicht länger, als dass die nettesten Füßchen bis an die Knöchel sichtbar blieben; ein knappes Mieder und eine schwarze Taffetschürze – so stand sie auf der Grenze zwischen Bäuerin und Städterin. Schlank und leicht, als wenn sie nichts an sich zu tragen hätte, schritt sie, und beinahe schien für die gewaltigen blonden Zöpfe des niedlichen Köpfchens der Hals zu zart. Aus heiteren blauen Augen blickte sie sehr deutlich umher, und das artige Stumpfnäschen forschte so frei in die Luft, als wenn es in der Welt keine Sorge geben könnte; der Strohhut hing ihr am Arm, und so hatte ich das Vergnügen, sie beim ersten Blick auf einmal in ihrer ganzen Anmut und Lieblichkeit zu sehn und zu erkennen.

Falbel = Besatz aus Stoff oder Spitze an einem Kleidungsstück

Friederike Brion (1752–1813), 1770/71, Kreidelithographie, undatiert

Glückliche Tage

Ich war grenzenlos glücklich an Friedrikens Seite; gesprächig, lustig, geistreich, vorlaut, und doch durch Gefühl, Achtung und Anhänglichkeit gemäßigt. Sie in gleichem Falle, offen, heiter, teilnehmend und mitteilend. Wir schienen allein für die Gesellschaft zu leben und lebten bloß wechselseitig für uns. […]

Unter diesen Umgebungen trat unversehens die Lust zu dichten, die ich lange nicht gefühlt hatte, wieder hervor. Ich legte für Friedriken manche Lieder bekannten Melodien unter. Sie hätten ein artiges Bändchen gegeben; wenige davon sind übrig geblieben, man wird sie leicht aus meinen übrigen herausfinden.

Zeitverkürzend ist immer die Nähe der Geliebten, doch verging mir diese Stunde auch unter besonderem Nachdenken. Ich wiederholte mir die Vorzüge, die sie soeben aufs Freiste vor mir entwickelte: besonnene Heiterkeit, Naivetät mit Bewusstsein, Frohsinn mit Voraussehn; Eigenschaften, die unverträglich scheinen, die sich aber bei ihr zusammenfanden und ihr Äußeres gar hold bezeichneten. [...]

„Zum erstenmal schuldig"

Die Antwort Friedrikens auf einen schriftlichen Abschied zerriss mir das Herz. Es war dieselbe Hand, derselbe Sinn, dasselbe Gefühl, die sich zu mir, die sich an mir herangebildet hatten. Ich fühlte nun erst den Verlust, den sie erlitt, und sah keine Möglichkeit ihn zu ersetzen, ja nur ihn zu lindern. Sie war mir ganz gegenwärtig; stets empfand ich, dass sie mir fehlte, und, was das Schlimmste war, ich konnte mir mein eignes Unglück nicht verzeihen. Gretchen hatte man mir genommen, Annette mich verlassen, hier war ich zum erstenmal schuldig; ich hatte das schönste Herz in seinem Tiefsten verwundet, und so war die Epoche einer düsteren Reue, bei dem Mangel einer gewohnten erquicklichen Liebe, höchst peinlich, ja unerträglich. Aber der Mensch will leben.

Aufgabe

1. Goethes Gedicht „Maifest" war den Briefen beigelegt, die Goethe an Friederike Brion geschrieben hat. Versetzen Sie sich in die Rolle des „Mädchens" und lesen Sie den Text als „Liebesbrief" in Gedichtform. Charakterisieren Sie die „Liebe" des Sprechers.

2. In seiner Autobiografie „Dichtung und Wahrheit" hat Goethe über 40 Jahre später seine Beziehung zur Sesenheimer Pfarrerstochter dargestellt. Erschließen Sie anhand der Textausschnitte, was Goethe an Friederike faszinierte und wie er die Trennung erlebte.

3. Untersuchen Sie vor diesem Hintergrund die Sprechsituation und den Adressatenbezug. Erläutern Sie, warum die Literaturwissenschaft dieses Gedicht der „Erlebnislyrik" zuordnete. Beziehen Sie den Text von Udo Müller mit ein.

4. „Gefühl ist alles", sagt Faust zu Gretchen. Informieren Sie sich über die Rolle von Gefühl und Empfinden in der Epoche des Sturm und Drang. Untersuchen Sie, mit welchen Mitteln hier Gefühle ausgedrückt werden. Vergleichen Sie mit Walthers „Under der linden" und Opitz' „Ach Liebste, lass uns eilen." Worin liegt das „Neue" in der Zeit des Sturm und Drang? Informieren Sie sich in einer Literaturgeschichte.

5. Der Begriff „Erlebnislyrik" ist in der Literaturwissenschaft nicht unumstritten. Überprüfen Sie die Aussage Conradys an Ihren Erschließungsergebnissen und Ihren eigenen Empfindungen als Leser des Gedichts.

> „Erstaunlich übrigens, wie gering die Zahl der Wortfelder und Bildkomplexe in den Sesenheimer Gedichten ist und wie allgemein ihre Aussage bleibt [...] Hinter solchen Aussagen konnte und kann der Leser [...] leicht ein reales Subjekt vermuten, ergänzen und ausstaffieren, wie er sich selbst mit seinen Gefühlen und Stimmungen ins Gedicht hineinzufinden vermochte und vermag." (Karl Otto Conrady)

Online-Link
Zusatztext:
K.O. Conrady: *Goethes Erlebnislyrik*
347466-0035

Text

Udo Müller: Goethes „Sesenheimer Lieder"

Als der junge Johann Wolfgang von Goethe 1770 nach Straßburg kam, hatte er nicht nur eine schwere gesundheitliche Krise überstanden, sondern auch zahlreiche Gedichte im anakreontischen Ton der Zeit geschrieben, weder besser noch schlechter als die eines Uz, Hagedorn oder Weisse.

Mit dem Liebesverhältnis zu der Sesenheimer Pfarrerstochter Friederike Brion kommt es dann zu einem wahren Qualitätssprung des Lebensgefühls und der dichterischen Ausdruckskräfte des jungen Goethe, aber auch der gesamten deutschen Lyrik. Es entstand mit einem Schlag, was es bis dahin nur in Ansätzen gegeben hatte: das Erlebnisgedicht als Zeugnis einer authentischen Gefühlserschütterung, beglaubigt durch individuellen poetischen Ausdruck. Die parfümierte Spielwelt der Anakreontik ist damit verblasst, eine neue Art lyrischen Sprechens entstanden, die für mehr als ein Jahrhundert zum beherrschenden Typus wird, ja sogar zeitweise als die eigentliche Form der Lyrik gilt, zumindest in Deutschland.

Text

Karoline von Günderode: Liebe (1804)

O reiche Armut! Gebend, seliges Empfangen!
In Zagheit Mut! in Freiheit doch gefangen.
In Stummheit Sprache,
Schüchtern bei Tage,
Siegend mit zaghaftem Bangen.

Lebendiger Tod, im Einen sel'ges Leben
Schwelgend in Not, im Widerstand ergeben,
Genießend schmachten,
Nie satt betrachten
Leben im Traum und doppelt Leben.

Text

Georg Friedrich Wilhelm Hegel: Vorlesungen über die Ästhetik

Das wahrhafte Wesen der Liebe besteht darin, das Bewusstsein seiner selbst aufzugeben, sich in einem anderen Selbst zu vergessen, doch in diesem Vergehen und Vergessen sich erst selber zu haben und zu besitzen.

Text

Karoline von Günderode verband eine Liebesbeziehung mit dem verheirateten Heidelberger Professor Creuzer. Als er sich nicht, wie gehofft, von seiner Frau trennte, beging sie Selbstmord.

Karoline von Günderode: Brief an Friedrich Creuzer (1806)

Ich sende dir ein Schnupftuch, das für dich von nicht geringerer Bedeutung sein soll als das, welches Othello der Desdemona schenkte. Ich habe es lange, um es zu weihen, auf meinem Herzen getragen. Dann habe ich mir die linke Brust gerade über dem Herzen aufgeritzt und die hervorgehenden Blutstropfen auf dem Tuch gesammelt. Siehe, so konnte ich das Zarteste für dich verletzen. Drücke es an deine Lippen; es ist meines Herzens Blut! So geweiht, hat dieses Schnupftuch die seltene Tugend, dass es vor allem Unmut und Zweifel verwahrt. Ferner wird es dir ein zärtliches Pfand sein.

Text

Karoline von Günderode: Brief an Karl Daub (1805)

Ihr Brief, lieber Daub, hat mir mehrere Stunden des peinlichsten Kampfes bereitet, aber verzeihen Sie mir, aus diesem ist die der Ihren entgegengesetzte Ansicht wieder neu und kräftig hervorgegangen. Ist das eine rechte Ehe, wenn zwei Wesen sich gänzlich verstehen und lieben, sich besitzen und besessen werden, wenn das innerste, heiligste Leben des Einen sich nur von dem Andern entzündet und nährt? und wenn das eine rechte Ehe ist, so ist die eine Sünde an der Natur, die zwei Gemüter, die sich einander nicht genügen, nicht verstehen und lieben, in eine peinigende Fessel schlägt, in welcher das Herz des Einen sich in unbefriedigter Sehnsucht qualvoll verzehrt; und warum, weil es sich einmal irrte, mag es verschmachten, wer fragt nach dem heimlichen Ächzen des gemisshandelten Herzens, wenn nur der Mensch nicht gleich darüber stirbt, so beruhigen sich alle, meinend, es werde sich schon geben; aber es gibt sich nicht, und viel schlimmer ist es, so leben als sterben.

Text

Susanne von Heyden: Brief an Hektor von Günderode (1806)

Frankfurt, den 28. Juli 1806

Ich muss eilen, Herr von Günderode, Sie von einer Begebenheit zu unterrichten, die mir das Herz zerreißt, ehe das Gerücht mir zuvorkommt. […] früh fand man die unglückliche Lina tot am Ufer; ihr Ihnen wohlbekannter Dolch hatte das Herz des Engels durchstochen. Sie konnte nicht leben ohne Liebe, ihr ganzes Wesen war aufgelöst in Lebensmüdigkeit. Sie, der sie liebte, wie wenige Brüder lieben, fühlen, wie schmerzlich ihr Verlust mir ist; mein halbes Leben liegt mit ihr im Grabe. Ich wollte nicht, dass jemand, der sie nicht so liebt wie ich, Ihnen diese Trauernachricht gäbe. Ich erbitte von Ihrer Liebe zu Linen, diese fünf Briefe wieder als ein Andenken zurück; den letzten fand man angefangen in ihrem Zimmer, er ist an Creuzer. Line dachte klein von allen diesen Welturteilen, ihr Herz war größer denn diese Welt; nur die innigste Liebe konnte es lebend erhalten; als diese starb, brach auch ihr Herz; kein Mensch kannte diesen Engel so wie ich. Leben Sie besser bei diesem Verlust wie ich.

Aufgabe

1. Erschließen Sie aus dem Wortmaterial von Günderodes Gedicht das Spannungsfeld der Vorstellung von „Liebe". Vergleichen Sie mit der Aussage von Hegel.

2. Charakterisieren Sie die Auffassung von Liebe, wie sie in dem Brief an Friedrich Creuzer und in dem Brief an Daub deutlich wird.

3. Für die Schriftstellerin Christa Wolf ist das Gedicht „eines der ersten vollkommen offenen Liebesgedichte einer Frau in der deutschen Literatur, unverkappt, uneingekleidet." Nehmen Sie Stellung zu dieser Aussage.

4. Das Gedicht „Liebe" von 1804 in der Sammlung „Gedichte und Phantasien" wurde unter einem männlichen Pseudonym veröffentlicht. „... erst wenn man ihr Leben kennt, wird man ihre Gedichte richtig lesen." (Christa Wolf). Informieren Sie sich genauer über das Leben der Günderode, und setzen sie sich mit dieser Behauptung auseinander.

Text

Christa Wolf: Kultur ist, was gelebt wird (1982)

Was mich interessiert hat, war die Frage: Wie kommt es, daß nach der Generation der Klassiker eine solche Menge von jungen Autoren auftaucht, die mit ihrer Zeit, mit ihrem Talent, mit der Literatur, mit ihrem persönlichen Leben offensichtlich nie ‚fertigwerden'. [...] Die in der deutschen Literaturgeschichte nach den Klassikern und zum Teil gleichzeitig mit ihnen gelebt und diese klassische Vollendung, die Verzicht und Entsagung einschließt, nicht erreicht hatten. Da waren dann: Lenz, Kleist, Günderode, Grabbe, Büchner, Hölderlin. [...]

Was mich dann in zunehmendem Maße interessiert hat, als ich mich damit beschäftigte, war ihr, der Romantiker, Versuch eines Lebensexperiments. Es ging nicht mehr um Literatur allein, nicht mal mehr in erster Linie, sondern darum, was diese damals jungen Leute versucht haben: in Gruppen lebend, da es in der Gesellschaft nicht ging, am Rande der Gesellschaft, aber, literarisch gesehen, in ihrem Zentrum. Das ist merkwürdig; sie konnten als Literaten zentral wirksam sein, während sie doch zugleich am Rande der bürgerlichen Gesellschaft lebten mit ihren verschiedenen Experimenten. Wie sie das gemacht haben, wie sie das durchgestanden haben, wie die Frauen gerade in diesen Gruppen das initiiert haben, da sie es mit am meisten brauchten – wie sie das durchgehalten haben auch über die ungeheuren gesellschaftlichen und persönlichen Konflikte hin und alle möglichen Arten von materiellen Schwierigkeiten – das hat mich brennend interessiert. Das eigentlich ist für mich dann unter dem Begriff ‚Romantik' zusammengeflossen. Der Begriff hat sich für mich ganz verändert. All das, was er hatte, als ich noch Germanistik studierte, und was heute vielleicht noch manche darin sehen: Mondscheinromantik, Liebesschmerz, Herzensweh, romantisiertes Mittelalter, Klerikalismus – das alles ist er jetzt nicht mehr für mich. Sondern die frühe Romantik ist der Versuch eines gesellschaftlichen Experiments einer kleinen progressiven Gruppe, die dann, nachdem die Gesellschaft sich ihr gegenüber totalitär und ablehnend verhalten hat, restriktiv in jeder Hinsicht, unter diesem Druck auseinanderbricht und in verschiedene Richtungen hin sich zurückzieht. Da entsteht dann alles Mögliche, da entsteht Klerikalismus, da entsteht dieses Zurück-zum-Mittelalter, alles, was man will. Aber es gab eine Zeit, da war das progressiv, und das hat mich interessiert.

Aufgabe

1. In der Kulturpolitik der DDR wurde vor allem die deutsche Klassik als „Erbe" für die eigene politisch-kulturelle Identität vereinnahmt. Klären Sie, was Christa Wolf an der Romantik interessiert hat und wie das mit dieser Kulturpolitik zusammenhängt.

2. Stellen Sie Bezüge her zwischen dem „Lebensexperiment" der Romantiker und ihrer Auffassung von Liebe.

Lektüretipp

Karoline von Günderrode: Der Schatten eines Traums, hrsg. und mit einem Essay von Christa Wolf, Darmstadt/Neuwied: Luchterhand 1979

Online-Link
Zusatztext:
L. Tieck: *Wunder der Liebe*
347466-0037

Tipp zur Weiterarbeit

1. Vergleichen Sie Günderodes Gedicht „Liebe" mit Ludwig Tiecks „Wunder der Liebe", und erläutern Sie die dahinter stehenden Liebeskonzeptionen.

Text

Heinrich Heine: Sie saßen und tranken am Teetisch (1823)

Sie saßen und tranken am Teetisch,
Und sprachen von Liebe viel.
Die Herren, die waren ästhetisch,
Die Damen von zartem Gefühl.

„Die Liebe muss sein platonisch“,
Der dürre Hofrat sprach.
Die Hofrätin lächelt ironisch,
Und dennoch seufzet sie: „Ach!“

Der Domherr öffnet den Mund weit:
„Die Liebe sei nicht zu roh,
Sie schadet sonst der Gesundheit.“
Das Fräulein lispelt: „Wieso?“

Die Gräfin spricht wehmütig:
„Die Liebe ist eine Passion!“
Und präsentieret gütig,
Die Tasse dem Herren Baron.

Am Tische war noch ein Plätzchen,
Mein Liebchen, da hast du gefehlt.
Du hättest so hübsch, mein Schätzchen,
Von deiner Liebe erzählt.

Aufgabe

1. Formulieren Sie in eigenen Worten die Auffassungen von „Liebe“, die hier von Männern vertreten werden. Untersuchen Sie, in welche Situation diese eingebunden sind und wie die Frauen darauf reagieren.

2. Schreiben Sie einen kurzen Text, in dem das „Schätzchen“ des lyrischen Ich von seiner „Liebe“ erzählt.

3. An den Anfang seines Vorworts zur dritten Auflage der Gedichtsammlung „Buch der Lieder“ (1837) stellt Heine ein Gedicht, in dem das lyrische Ich Lust und Qual der Liebe in der Umarmung einer Sphinx erlebt.

Die Nachtigall sang: „O schöne Sphinx!
O Liebe! Was soll es bedeuten,
Dass du vermischest mit Todesqual
All deine Seligkeiten?

Formulieren Sie eine Aussage des lyrischen Ich über das „Wesen“ der Liebe als Mitglied der Teegesellschaft.

4. In den „Memoiren des Herrn von Schnabelewopski“ (1834) berichtet der Er-Erzähler von einem Traum, in dem er seiner Geliebten seine „schwärmerischen Liebeslieder“ vorliest, die diese ins Meer wirft, wo sie von Nixen begeistert vorgetragen werden. Deuten Sie Situation und Aussage der Nixen als Auseinandersetzung Heines mit der „romantischen Liebe“.

Text

Heinrich Heine: Aus den Memoiren des Herrn von Schnabelewopski (1834)

Welche sonderbare Wesen sind diese Menschen! Wie sonderbar ist ihr Leben! Wie tragisch ihr ganzes Schicksal! Sie lieben sich und dürfen es meistens nicht sagen, und dürfen sie es einmal sagen, so können sie doch einander selten verstehn! Und dabei leben sie nicht ewig wie wir, sie sind sterblich, nur eine kurze Spanne Zeit ist ihnen vergönnt, das Glück zu suchen, sie müssen es schnell erhaschen, hastig ans Herz drücken, ehe es entflieht – deshalb sind ihre Liebeslieder auch so zart, so innig, so süßängstlich, so verzweiflungsvoll lustig, ein so seltsames Gemisch von Freude und Schmerz. Der Gedanke des Todes wirft seinen melancholischen Schatten über ihre glücklichsten Stunden und tröstet sie lieblich im Unglück. Sie können weinen. Welche Poesie in so einer Menschenträne!

1.4 „kühl besehn" – Liebe im 20. Jahrhundert

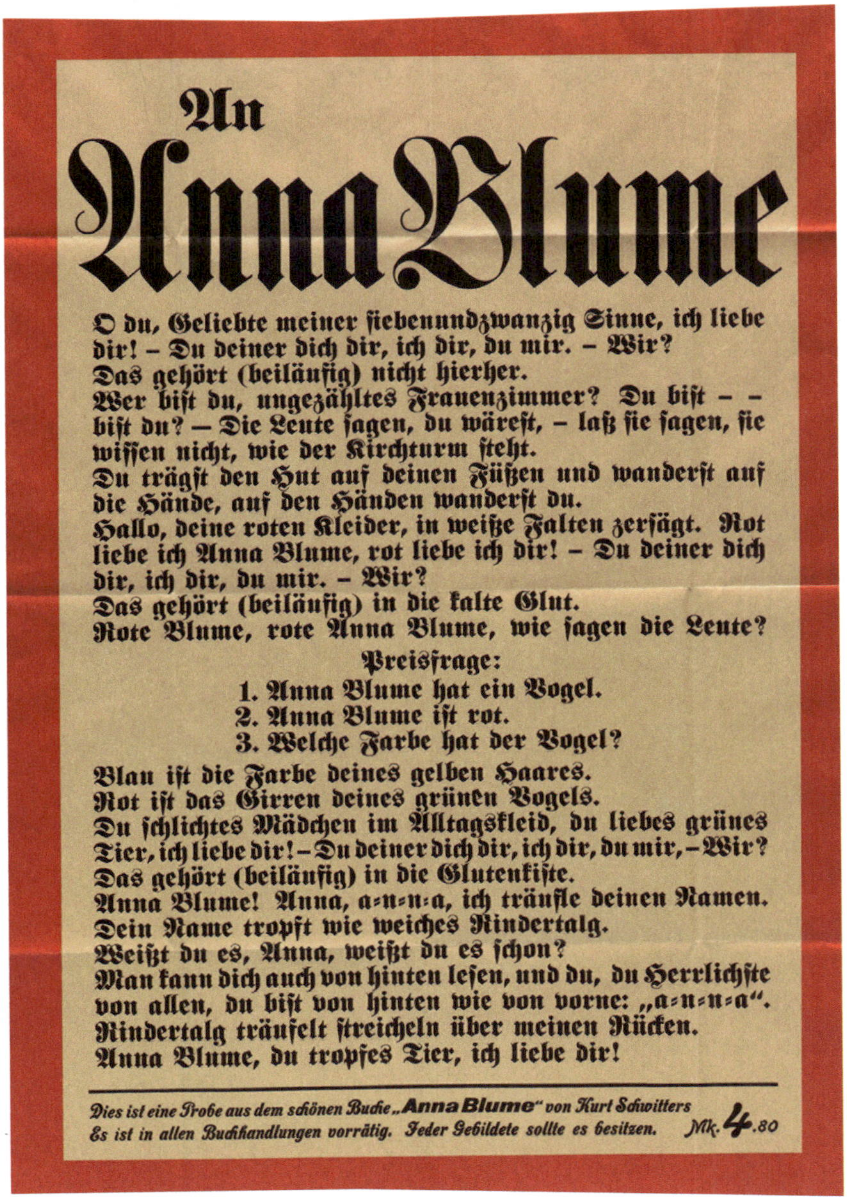

An
Anna Blume

O du, Geliebte meiner siebenundzwanzig Sinne, ich liebe dir! – Du deiner dich dir, ich dir, du mir. – Wir?
Das gehört (beiläufig) nicht hierher.
Wer bist du, ungezähltes Frauenzimmer? Du bist – – bist du? – Die Leute sagen, du wärest, – laß sie sagen, sie wissen nicht, wie der Kirchturm steht.
Du trägst den Hut auf deinen Füßen und wanderst auf die Hände, auf den Händen wanderst du.
Hallo, deine roten Kleider, in weiße Falten zersägt. Rot liebe ich Anna Blume, rot liebe ich dir! – Du deiner dich dir, ich dir, du mir. – Wir?
Das gehört (beiläufig) in die kalte Glut.
Rote Blume, rote Anna Blume, wie sagen die Leute?

Preisfrage:
1. Anna Blume hat ein Vogel.
2. Anna Blume ist rot.
3. Welche Farbe hat der Vogel?

Blau ist die Farbe deines gelben Haares.
Rot ist das Girren deines grünen Vogels.
Du schlichtes Mädchen im Alltagskleid, du liebes grünes Tier, ich liebe dir! – Du deiner dich dir, ich dir, du mir, – Wir?
Das gehört (beiläufig) in die Glutenkiste.
Anna Blume! Anna, a-n-n-a, ich träufle deinen Namen.
Dein Name tropft wie weiches Rindertalg.
Weißt du es, Anna, weißt du es schon?
Man kann dich auch von hinten lesen, und du, du Herrlichste von allen, du bist von hinten wie von vorne: „a-n-n-a".
Rindertalg träufelt streicheln über meinen Rücken.
Anna Blume, du tropfes Tier, ich liebe dir!

Dies ist eine Probe aus dem schönen Buche „Anna Blume" von Kurt Schwitters
Es ist in allen Buchhandlungen vorrätig. Jeder Gebildete sollte es besitzen. Mk. 4.80

Aufgabe

1. Anfang 1920 plakatierte Kurt Schwitters den Text „An Anna Blume" auf den meisten Litfaßsäulen in Hannover. „Lachend, lesend, kopfschüttelnd stehen die Menschen davor. Der Mann ist verrückt, sagen die meisten, nachdem sie gelesen haben", stand in einer Zeitung.
Stellen Sie sich vor, Sie würden das Gedicht heute auf Litfaßsäulen lesen. Halten Sie Ihre Reaktionen stichpunktartig fest.

2. Unsinnspoesie oder Parodie auf Liebeslyrik? Untersuchen Sie, mit welchen grammatikalischen Elementen, sprachlichen Bildern und Vorstellungen von „Liebe" Schwitters hier spielt und wie er diese komponiert. Informieren Sie sich dazu über Programm und Verfahren dadaistischer Literatur.

Text

Text in alter Rechtschreibung

Bertolt Brecht:
Entdeckung an einer jungen Frau (1926)

Des Morgens nüchterner Abschied, eine Frau
Kühl zwischen Tür und Angel, kühl besehn.
Da sah ich: eine Strähn in ihrem Haar war grau
Ich konnt mich nicht entschließen mehr zu gehn.

Stumm nahm ich ihre Brust, und als sie fragte
Warum ich Nachtgast nach Verlauf der Nacht
Nicht gehen wolle, denn so war's gedacht
Sah ich sie unumwunden an und sagte:

Ist's nur noch eine Nacht, will ich noch bleiben
Doch nütze deine Zeit; das ist das Schlimme
Daß du so zwischen Tür und Angel stehst.

Und laß uns die Gespräche rascher treiben
Denn wir vergaßen ganz, daß du vergehst.
Und es verschlug Begierde mir die Stimme.

Christian Schad (1894–1982): Selbstbildnis mit Modell, 1927, Öl auf Holz

Aufgabe

1. Erschließen Sie die im Gedicht dargestellte Situation und die Beziehung zwischen dem lyrischen Ich und der „jungen Frau".

2. Untersuchen Sie die Wirkung der „Entdeckung" auf das lyrische Ich. Achten Sie dabei auf den Aufbau des Textes. Welches Frauenbild wird hier deutlich?

3. Liebe – „kühl besehn". Werten Sie den Text von Max Brod aus, und ordnen Sie Brechts Gedicht in die Denk- und Stilrichtung der „Neuen Sachlichkeit" ein.

Text

Max Brod: Die Frau und die neue Sachlichkeit (1929)

Die neueste Literatur bekommt mehr und mehr einen harten, kalten männlichen Zug. Ganz ebenso wie die moderne Musik antiromantisch, antisentimental klingt. Von Liebe darf weder geredet noch gesungen werden. Das verträgt sich nicht mit der »Sachlichkeit«, dem obersten Postulat der Zeit. […]

Liebe, Liebessehnsucht galt ehedem als Einblick in den tieferen Sinn des Daseins, Leidenschaft einer Frau oder für eine Frau erhellte zauberhaft jene Zusammenhänge, die sich in den bloß egoistischen Beziehungen zwischen Menschen des Alltags in stumpferen Sinnen entziehen. (Was hier von der Liebe gesagt wird, gilt von jeder über den Alltag hinausschlagenden adeligen Herzenswallung). – Die junge Generation hat aus dem Krieg ein sehr berechtigtes Misstrauen gegen alles, was Herzenswallung ist, mitgebracht. Hinter wie vielem, was edle Leidenschaft schien, […] lag nichts als Phrase. […] Da ist es zunächst höchst richtig und gesund, wenn eine Generation von Desillusionierten heranwächst. […]

In dieser auf elementare Defensive vereinfachten Situation hat in der Tat Liebe und Frau und Herz und Seele nichts zu suchen. […] Die modernen Autoren haben vor nichts so sehr Angst wie vor Illusionen. Durch Illusionen wurden wir in den Krieg hineingezerrt. Den Alltag nicht etwa bejahen, ihn in seiner ganzen Scheußlichkeit, Chaotik, Unmoral sehen – das erscheint als Gesetz. Vom Alltag, der als das einzig Wirkliche betrachtet wird […], kann man sich nur durch Witz und Ironie distanzieren. Demgemäß wird Ironie zum einzigen Kunstmittel der jüngsten Generation.

Text

Karin Kiwus: Lösung (1979)

Im Traum
nicht einmal mehr
suche ich
mein verlorenes Paradies
bei dir

ich erfinde es
besser allein
für mich

In Wirklichkeit
will ich
einfach nur leben
mit dir so gut
es geht

Aufgabe

1. Lesen Sie das Gedicht kontrastiv zu Günderodes „Liebe" (vgl. S. 36) im Hinblick auf Sprechsituation, Adressatenbezug und Beziehungsmuster. Beurteilen Sie die „Lösung", die hier angeboten wird.

2. Kiwus gehört zu den Autorinnen der „neuen Subjektivität" in den 1970er Jahren. Informieren Sie sich über diese Strömung und ihren Bezug zur Frauenemanzipation.

Text

Durs Grünbein: Wußten wir, was den Reigen in Gang hält? (1994)

Text in alter Rechtschreibung

Wußten wir, was den Reigen in Gang hält?
Daß Lieben einsamer macht,
Schien erwiesen. Jeder behielt ihn für sich,
Seinen Dorn, bis zur Unzeit
Das Blut der Verbände durchschlug. Selten
Blieb jemand unverletzt. Eher kroch
Ein Schmerz beim andern unter. Verlassen
Zu sein war das größte Übel,
Nichts zu fühlen im Frühling, wie amputiert
Vor defekten Riesenrädern …
Wie uns der Wind in die Baumkronen hob,
Aus denen wir fallen sollten,
Glücklich, mit einem langen Himmelsschrei.

Aufgabe

1. Das Gedicht hat keine Überschrift. Formulieren Sie eine, in der die Sichtweise von „Liebe" zum Ausdruck kommt.

2. Untersuchen Sie thematische Aspekte, die Grünbein aufgreift, und ordnen Sie diese in ein Problemfeld „Liebe" ein, das aus den hier abgedruckten Texten deutlich wird.

3. In einem Interview sagte Durs Grünbein:

> „Literatur [hat], wie alle Künste, zunächst einmal mit transhistorischen Momenten zu tun: das menschliche Drama, Geburt, Liebe, Tod und so weiter. Es wird nur immer wieder in der Darstellung modifiziert. […] Die Frage ist tatsächlich, wie diese Schwingung zwischen konstanten Wahrheiten über den Menschen und den jeweils aktuellen Konzepten funktioniert."

Was sind, im Blick auf die Texte, Ihrer Meinung nach „konstante Wahrheiten", was „aktuelle Konzepte"?

4. Stellen Sie die epochentypischen Sichtweisen von Liebe, die in den Gedichten S. 31–41 deutlich werden, in einer Tabelle übersichtlich dar.

2 Liebe als Erfahrung harmonischer Partnerschaft – Liebe als flüchtige Begegnung des Glücks

2.1 „aus zwei Saiten eine Stimme“ – Glücksmuster – vom Symbol zur Chiffre

Text

Conrad Ferdinand Meyer:
Zwei Segel (1882)

Zwei Segel erhellend
Die tiefblaue Bucht!
Zwei Segel sich schwellend
Zu ruhiger Flucht!

Wie eins in den Winden
Sich wölbt und bewegt,
Wird auch das Empfinden
Des andern erregt.

Begehrt eins zu hasten,
Das andre geht schnell,
Verlangt eins zu rasten,
Ruht auch sein Gesell.

Text

Rainer Maria Rilke: Liebes-Lied (1907)

Wie soll ich meine Seele halten, dass
sie nicht an deine rührt? Wie soll ich sie
hinheben über dich zu andern Dingen?
Ach gerne möcht ich sie bei irgendwas
Verlorenem im Dunkel unterbringen
an einer fremden stillen Stelle, die
nicht weiterschwingt, wenn deine Tiefen schwingen.
Doch alles, was uns anrührt, dich und mich,
nimmt uns zusammen wie ein Bogenstrich,
der aus zwei Saiten *eine* Stimme zieht.
Auf welches Instrument sind wir gespannt?
Und welcher Geiger hat uns in der Hand?
O süßes Lied.

Aufgabe

1. Vergleichen Sie die zentralen Bilder in den Gedichten von Meyer und Rilke. Worin besteht jeweils das Glücksmuster der Liebesbeziehung?

2. Untersuchen Sie, wie die Bilder thematisch entfaltet werden und wie Bildstrukturen und Aufbau der Gedichte zusammenhängen.

3. Meyers Gedicht ist ein Beispiel für die Bildlichkeit der „Dingsymbolik“. Klären Sie diesen Begriff, und untersuchen Sie, wie der symbolische Bezug zwischen der Bildebene und der Bedeutungsebene durch Bewegungsstrukturen, Wortwahl und Lautgestalt unterstützt wird.

4. Untersuchen Sie, auf welche Weise in Rilkes „Liebes-Lied“ das zentrale Bild in den Reflexionsprozess des lyrischen Ich eingebunden ist.

Text

Ingeborg Bachmann: Römisches Nachtbild (1956)

Wenn das Schaukelbrett die sieben Hügel
nach oben entführt, gleitet es auch,
von uns beschwert und umschlungen,
ins finstere Wasser,

taucht in den Flussschlamm, bis in unsrem Schoß
die Fische sich sammeln.
Ist die Reihe an uns,
stoßen wir ab.

Es sinken die Hügel,
wir steigen und teilen
jeden Fisch mit der Nacht.

Keiner springt ab.
So gewiss ist's, dass nur die Liebe
und einer den andern erhöht.

Aufgabe

1. Erschließen Sie die Bilder des Gedichtes. Welche Bildelemente sind dem Verständnis leichter zugänglich, welche sind für Sie irritierend oder auf den ersten Blick verschlossen?

2. Worin besteht die Glückserfahrung des lyrischen Ich? Untersuchen Sie, wie diese durch die Bildkomposition (Raum, Zeit, Bewegung) charakterisiert wird.

3. Die moderne Lyrik ist teilweise durch eine Bildlichkeit geprägt, die man als „Chiffre" bezeichnet. Überlegen Sie, ob man in diesem Gedicht von „Chiffren" sprechen kann.

4. Untersuchen Sie den Ausschnitt aus einer Interpretation des Gedichts von Ulla Hahn. Klären Sie, wie textimmanente Analyse, Kontextualisierung und Deutung hier miteinander verbunden sind. Vergleichen Sie mit Ihren eigenen Ergebnissen.

Text

Ulla Hahn: Schaukelbrett, tragfähig (1998)

Gelöster als in diesem Gedicht hat Ingeborg Bachmann nie wieder von der Liebe geschrieben. […] Zwei winzige Menschen umschlingen ein „Schaukelbrett", so riesig, dass die sieben Hügel Roms auffliegen, wenn das Paar im „Flussschlamm" des Tiber versinkt. Das Bild ist kühn, die Sprache kühl, es ist der Tonfall des Berichterstatters, der ungerührt rapportiert. Der weit ausholende, dennoch klar gegliederte Satz, der sich über sechs Zeilen und die beiden ersten Strophen des Sonetts schwingt, formt im Auf und Ab der Betonungen die Schaukelbewegungen nach. Ein schwindelerregendes Bild, von Metrum und Rhythmus souverän gebändigt. Die Sprecherin weiß, dass, mit der Gesetzmäßigkeit von Naturereignissen, sie gemeinsam aufsteigen werden, „ist die Reihe an uns".

Woher diese Sicherheit? Schaukeln kann nur, wer sein „Schaukelbrett" fest verankert hat. Worin besteht dieser Dreh- und Angelpunkt? Was garantiert die Balance? Es ist das „Wir", das hält und in Bewegung hält, in tollkühner Bewegung mitunter, und gleichwohl vor Absturz und Versinken bewahrt. Anders als üblich in Ingeborg Bachmanns Lyrik ist in diesem Gedicht der Gegensatz von Ich und Du überwunden, das „Wir" erobert. […]

Das Bild des Schaukelns setzt den freien Entschluss und den Mut zweier selbständiger Menschen zu einem unbegrenzten, bedingungslosen Vertrauen in ein gemeinsames „Wir" voraus: „Keiner springt ab." Denn der Absprung wäre beides: Selbstmord und Mord. […]

Hier hat sie [Ingeborg Bachmann] erfasst, was Liebe unterscheidet von selbstzerstörerischer Leidenschaft und demütigender Hörigkeit. Erklär mir Liebe! [Titel eines Gedichts von Ingeborg Bachmann] Dieses Gedicht tut es.

Text

Johann Wolfgang von Goethe: Italienische Reise (1786/1816)

Rom, den 1. November 1786.

Ja, ich bin endlich in dieser Hauptstadt der Welt angelangt! […] Über das Tiroler Gebirg bin ich gleichsam weggeflogen. Verona, Vicenz, Padua, Venedig habe ich gut, Ferrara, Cento, Bologna flüchtig und Florenz kaum gesehen. Die Begierde, nach Rom zu kommen, war so groß, wuchs so sehr mit jedem Augenblicke, dass kein Bleiben mehr war, und ich mich nur drei Stunden in Florenz aufhielt. Nun bin ich hier und ruhig und, wie es scheint, auf mein ganzes Leben beruhigt. Denn es geht, man darf wohl sagen, ein neues Leben an, wenn man das Ganze mit Augen sieht, das man teilweise in- und auswendig kennt. Alle Träume meiner Jugend seh' ich nun lebendig; die ersten Kupferbilder, deren ich mich erinnere (mein Vater hatte die Prospekte von Rom auf einem Vorsaale aufgehängt), seh' ich nun in Wahrheit, und alles, was ich in Gemälden und Zeichnungen, Kupfern und Holzschnitten, in Gips und Kork schon lange gekannt, steht nun beisammen vor mir; wohin ich gehe, finde ich eine Bekanntschaft in einer neuen Welt; es ist alles, wie ich mir's dachte, und alles neu. […]

Prospekt = Stadtansicht

Johann Wolfgang von Goethe (1749–1832): Kopfstudien nach antiken Vorbildern, um 1797, Zeichnung

Pygmalion = griechischer Bildhauer

Da Pygmalions Elise, die er sich ganz nach seinen Wünschen geformt und ihr so viel Wahrheit und Dasein gegeben hatte, als der Künstler vermag, endlich auf ihn zukam und sagte: „*Ich bin's!*", wie anders war die Lebendige als der gebildete Stein!

Wie moralisch heilsam ist mir es dann auch, unter einem ganz sinnlichen Volke zu leben, über das so viel Redens und Schreibens ist, das jeder Fremde nach dem Maßstabe beurteilt, den er mitbringt. Ich verzeihe jedem, der sie tadelt und schilt; sie stehn zu weit von uns ab, und als Fremder mit ihnen zu verkehren, ist beschwerlich und kostspielig.

Den 28. Januar 1787.

Zwei Betrachtungen, die durch alles durchgehen, welchen sich hinzugeben man jeden Augenblick aufgefordert wird, will ich, da sie mir klar geworden, zu bezeichnen nicht verfehlen. Zuerst also wird man bei dem ungeheuern und doch nur trümmerhaften Reichtum dieser Stadt, bei jedem Kunstgegenstande aufgefordert, nach der Zeit zu fragen, die ihm das Dasein gegeben. […]

Die zweite Betrachtung beschäftigt sich ausschließlich mit der Kunst der Griechen und sucht zu erforschen, wie jene unvergleichlichen Künstler verfuhren, um aus der menschlichen Gestalt den Kreis göttlicher Bildung zu entwickeln, welcher vollkommen abgeschlossen ist und worin kein Hauptcharakter so wenig als die Übergänge und Vermittlungen fehlen. Ich habe eine Vermutung, dass sie nach eben den Gesetzen verfuhren, nach welchen die Natur verfährt und denen ich auf der Spur bin. Nur ist noch etwas anders dabei, das ich nicht auszusprechen wüsste.

Aufgabe

1. Klären Sie, worin Goethe die Bedeutung dieser Reise sieht. Ziehen Sie dazu auch die Abbildungen heran.

Text

Johann Wolfgang von Goethe: Römische Elegien, V (1795)

Froh empfind ich mich nun auf klassischem Boden begeistert;
Vor- und Mitwelt spricht lauter und reizender mir.
Hier befolg' ich den Rat, durchblättre die Werke der Alten
Mit geschäftiger Hand, täglich mit neuem Genuss.
Aber die Nächte hindurch hält Amor mich anders beschäftigt;
Werd' ich auch halb nur gelehrt, bin ich doch doppelt beglückt.
Und belehr' ich mich nicht, indem ich des lieblichen Busens
Formen spähe, die Hand leite die Hüften hinab?
Dann versteh ich den Marmor erst recht: ich denk und vergleiche,
Sehe mit fühlendem Aug, fühle mit sehender Hand.
Raubt die Liebste denn gleich mir einige Stunden des Tages,
Gibt sie Stunden der Nacht mir zur Entschädigung hin.
Wird doch nicht immer geküsst, es wird vernünftig gesprochen;
Überfällt sie der Schlaf, lieg' ich und denke mir viel.
Oftmals hab' ich auch schon in ihren Armen gedichtet
Und des Hexameters Maß leise mit fingernder Hand
Ihr auf den Rücken gezählt. Sie atmet in lieblichem Schlummer,
Und es durchglühet ihr Hauch mir bis ins Tiefste die Brust.
Amor schüret die Lamp' indes und denket der Zeiten,
Da er den nämlichen Dienst seinen Triumvirn getan.

Aufgabe

1. Das Gedicht ist Teil eines Zyklus, den Goethe zuerst in der von Schiller herausgegebenen Zeitschrift „Die Horen" veröffentlichte. „Alle ehrbaren Frauen sind empört über die bordellmäßige Nacktheit", schrieb ein Weimarer Kritiker. Überlegen Sie, woran die zeitgenössischen Leserinnen Anstoß genommen haben könnten. Recherchieren Sie dazu auch Goethes Lebenssituation nach der Rückkehr aus Italien.

2. Dem Leser wird hier einiges an literarischem und kulturellem Wissen abverlangt, damit er mehr versteht als die erotische Situation. Klären Sie dazu die Begriffe „klassischer Boden", die „Alten", „Hexameter", „Amor" und „Triumvirn". Erläutern Sie die Kontexte, in welche die erotische Situation gestellt wird.

3. „Die Hand ist das Organ des Verstehens, des Fühlens und der dichterischen Produktivität." (Wulf Segebrecht) Überprüfen Sie diese Deutung durch eine Analyse des Aufbaus und der Verbindung verschiedener Motive und Bilder.

4. Untersuchen Sie, wie das Erbe der Antike das Gedicht in der Thematik, in der sprachlichen Gestaltung und in der Metrik beeinflusst.

Text

Ulla Hahn: Leises Licht (1985)

Ganz leise leise leise geht das Licht
den ich nicht kenne geht an meiner Seite
wir gehen wie ein Paar auf schöne Art
und scheu schau ich ihm manchmal ins Gesicht
das neben meinem liegen wird wenn alles Licht
gegangen ist wird er an meiner Seite
mich lieben wie ein Mann auf schöne Art
und treu und bleiben und es gibt ihn nicht.

Aufgabe

1. „auf schöne Art" (Z. 3, 7). Beschreiben Sie die Glücksvorstellungen des lyrischen Ich, und vergleichen Sie diese mit den Glücksbildern in den vorhergehenden Gedichten.

2. Untersuchen Sie, wie das Gedicht im Aufbau und in der Bildlichkeit auf den Schluss hin komponiert ist.

3. „Nichts ist versprochen" lautet der Titel einer Anthologie mit Liebeslyrik der Gegenwart. Setzen Sie diesen Titel in Beziehung zur Sichtweise von „Liebe" in dem Gedicht von Ulla Hahn.

2.2 „jene Wolke blühte nur Minuten" – Männerfantasien – Situationen, Rollenvorstellungen und Sprechweisen

Text

Heinrich Heine:
Du bist wie eine Blume (1823/24)

Du bist wie eine Blume,
So hold und schön und rein;
Ich schau dich an, und Wehmut
Schleicht mir ins Herz hinein.

Mir ist, als ob ich die Hände
Aufs Haupt dir legen sollt,
Betend, dass Gott dich erhalte
So rein und schön und hold.

Aufgabe

1. Wie wirkt das Bild der Geliebten in Heines Gedicht auf Sie? Halten Sie Signalwörter fest, und charakterisieren Sie das Bild mit eigenen Worten.

Online-Link
Zusatztexte:
K. F. Pockels: *Das weibliche Geschlecht*
F. Schiller: *Die Würde der Frauen*
347466-0046

2. Informieren Sie sich über die von Männern geprägten Vorstellungen von der Rolle und dem Wesen der Frau um 1800. (Nutzen Sie auch den Text von K. F. Pockels und Schillers Gedicht.) Ordnen Sie das Frauenbild des Gedichts in diesen Kontext ein. Vergleichen Sie mit Bettina von Arnims Auseinandersetzung mit gesellschaftlich geprägten Rollenmustern. (Vgl. S. 11)

Text

Joseph von Eichendorff:
Waldgespräch (1815)

Es ist schon spät, es wird schon kalt,
Was reitst du einsam durch den Wald?
Der Wald ist lang, du bist allein,
Du schöne Braut! Ich führ dich heim!

„Groß ist der Männer Trug und List,
Vor Schmerz mein Herz gebrochen ist,
Wohl irrt das Waldhorn her und hin,
O flieh! Du weißt nicht, wer ich bin."

So reich geschmückt ist Ross und Weib,
So wunderschön der junge Leib,
Jetzt kenn ich dich – Gott steh mir bei!
Du bist die Hexe Lorelei.

„Du kennst mich wohl – von hohem Stein
Schaut still mein Schloss tief in den Rhein.
Es ist schon spät, es wird schon kalt,
Kommst nimmermehr aus diesem Wald!"

Eduard J. von Steinle (1810-1886):
Die Loreley, 1863, aquarellierte Zeichnung

Aufgabe

1. Betrachten Sie das Bild „Loreley" von E. J. von Steinle. Gehen Sie dabei von der unmittelbaren Wirkung aus, und überprüfen Sie Ihren ersten Eindruck durch eine Untersuchung von Bildkomposition und Gestaltungsweise der Figur.

2. „[Das Weib] ist Sanftes und Wildes, Zerstörerisches und Erbarmendes, es ist Blume, die Hexe, die hochmütige Bronze und die tüchtige Seele des Geschäfts. Ist die Mänade und die waltende Demeter, ist die reife Juno, die kühle Artemis und die musische Minerva und was noch alles. […] Ist schließlich […] die Spannung Venus und Maria“, schrieb der Philosoph Ernst Bloch im Blick auf männliche Imaginationen des Weiblichen. Informieren Sie sich über die Figur der Loreley, und vergleichen Sie mit den anderen Imaginationen.

3. Untersuchen Sie Situation und Rollenkonstellation in Eichendorffs Gedicht.

4. Hören Sie sich Robert Schumanns Vertonung des Gedichts an, und zeigen Sie auf, wie die Charakterisierung der Figuren musikalisch gestaltet wird.

Text

Gottfried Benn: D-Zug (1912)

Braun wie Kognak. Braun wie Laub. Rotbraun. Malaiengelb.
D-Zug Berlin-Trelleborg und die Ostseebäder.

Fleisch, das nackt ging.
Bis in den Mund gebräunt vom Meer.
Reif gesenkt, zu griechischem Glück.
In Sichel-Sehnsucht: wie weit der Sommer ist!
Vorletzter Tag des neunten Monats schon!

Stoppel und letzte Mandel lechzt in uns.
Entfaltungen, das Blut, die Müdigkeiten,
die Georginennähe macht uns wirr.

Männerbraun stürzt sich auf Frauenbraun:

Eine Frau ist etwas für eine Nacht.
Und wenn es schön war, noch für die nächste!
Oh! Und dann wieder dies Bei-sich-selbst Sein!
Diese Stummheiten! Dies Getriebenwerden!

Eine Frau ist etwas mit Geruch.
Unsägliches! Stirb hin! Resede.
Darin ist Süden, Hirt und Meer.
An jedem Abhang lehnt ein Glück.

Frauenhellbraun taumelt an Männerdunkelbraun:

Halte mich! Du, ich falle!
Ich bin im Nacken so müde.
Oh, dieser fiebernde süße
letzte Geruch aus den Gärten.

René Magritte (1898–1967): Vergewaltigung, 1934, Öl auf Leinwand

Georgine = Dahlienart

Resede = Blütenpflanze

Aufgabe

1. Lesen Sie das Gedicht von Benn. Beurteilen Sie auf der Grundlage Ihres ersten Eindrucks, inwieweit es sich hier um „Männerfantasien“ handelt.

2. Untersuchen Sie genauer, welche Fantasien und Wünsche des lyrischen Ich in der dargestellten Situation, in den Motiven und in der Bildlichkeit von „D-Zug“ zum Ausdruck kommen. Welches Selbstbild des „Männlichen“ wird dabei sichtbar?

3. In Benns Gedicht „Untergrundbahn“ bezeichnet sich das lyrische Ich als „armer Hirnhund.“ Deuten Sie diese Metapher, und stellen Sie Bezüge her zu Magrittes Bild „Vergewaltigung“.

4. Erschließen Sie aus dem Text auf S. 48 Nietzsches Bild der Geschlechterbeziehung. Vergleichen Sie mit der Rollenkonstellation der Geschlechter in den Gedichten von Eichendorff und Benn.

Online-Link
Zusatztext:
G. Benn: *Untergrundbahn*
347466-0047

Text

Friedrich Nietzsche: Die fröhliche Wissenschaft (1882)

Wie jedes Geschlecht über die Liebe sein Vorurteil hat. – Bei allem Zugeständnisse, welches ich dem monogamischen Vorurteile zu machen willens bin, werde ich doch niemals zulassen, dass man bei Mann und Weib von *gleichen* Rechten in der Liebe rede: diese gibt es nicht. Das macht, Mann und Weib verstehen unter Liebe jeder etwas anderes – und es gehört mit unter die Bedingungen der Liebe bei beiden Geschlechtern, dass das eine Geschlecht beim andren Geschlecht *nicht* das gleiche Gefühl, den gleichen Begriff „Liebe“ voraussetzt. […] Das Weib will genommen, angenommen werden als Besitz, will aufgehn in den Begriff „Besitz“, „besessen“; folglich will es einen, der *nimmt*, der sich nicht selbst gibt und weggibt, der umgekehrt vielmehr gerade reicher an „sich“ gemacht werden soll – durch den Zuwachs an Kraft, Glück, Glaube, als welchen ihm das Weib sich selbst gibt. Das Weib gibt sich weg, der Mann nimmt hinzu – ich denke, über diesen Natur-Gegensatz wird man durch keine sozialen Verträge, auch nicht durch den allerbesten Willen zur Gerechtigkeit hinwegkommen.

Text

Text in alter Rechtschreibung

Bertolt Brecht: Erinnerung an die Marie A. (1922)

1
An jenem Tag im blauen Mond September
Still unter einem jungen Pflaumenbaum
Da hielt ich sie, die stille bleiche Liebe
In meinem Arm wie einen holden Traum.
Und über uns im schönen Sommerhimmel
War eine Wolke, die ich lange sah
Sie war sehr weiß und ungeheuer oben
Und als ich aufsah, war sie nimmer da.

2
Seit jenem Tag sind viele, viele Monde
Geschwommen still hinunter und vorbei.
Die Pflaumenbäume sind wohl abgehauen
Und fragst du mich, was mit der Liebe sei?
So sag ich dir: ich kann mich nicht erinnern
Und doch, gewiß, ich weiß schon, was du meinst.
Doch ihr Gesicht, das weiß ich wirklich nimmer
Ich weiß nur mehr: ich küßte es dereinst.

3
Und auch den Kuß, ich hätt ihn längst vergessen
Wenn nicht die Wolke dagewesen wär
Die weiß ich noch und werd ich immer wissen
Sie war sehr weiß und kam von oben her.
Die Pflaumenbäume blühn vielleicht noch immer
Und jene Frau hat jetzt vielleicht das siebte Kind
Doch jene Wolke blühte nur Minuten
Und als ich aufsah, schwand sie schon im Wind.

Aufgabe

1. Die erste Niederschrift von Brechts Gedicht entstand unter dem Titel „Sentimentales Lied“ „am 21. II. 20, abends 7 h im Zug nach Berlin“. Untersuchen Sie, welche liedhaften Gestaltungselemente Brecht verwendet.

2. Mit dem ursprünglichen Titel „Sentimentales Lied“ spielt Brecht auf den Schlager „Verlorenes Glück“ an, der ihn inhaltlich und im Strophenbau zu seinem Gedicht anregte.
Untersuchen Sie, wie Brecht sentimentale Vorstellungen in seinem Gedicht aufgreift und wie er mit ihnen durch die Wahl der Sprechsituation und durch die Sprechweise umgeht.

3. In den vielen Interpretationen spielt die Deutung des Bilds der „Wolke“ eine wichtige Rolle, von der erinnernden Bewahrung eines erlebten Liebesglücks bis zur Entpersonalisierung der Frau. Untersuchen Sie die Rolle der Wolke im Erinnern des lyrischen Ich, und entwickeln Sie eine eigene Deutung.

Text

Günter Kunert: Was ist denn in dir (1979)

Was ist denn in dir
und was soll geliebt sein?

Was deine Brüste vortreibt
die Hüften kurvt was
Wölbung und Bauchung und Regung
und zuckt und da ist?
Was rosenrot schneeweiß was schwarz?
Armkraft Lachmuskel Salzträne?

Was denn wenn nicht
das aller Natur Allerfernste gestempelt
mit dem verachteten veralteten verlogenen
abwaschbaren Wort Mensch.

Aufgabe

1. Lesen Sie das Gedicht im Kontext der männlichen Imaginationen des Weiblichen. Formulieren Sie die Sichtweise des lyrischen Ich.

2. Klären Sie Sprechsituation und gedanklichen Aufbau. Begründen Sie, ob Sie den Text in eine Anthologie „Liebeslyrik" aufnehmen würden.

3. Erläutern Sie zum Abschluss noch einmal die thematischen Gemeinsamkeiten der Gedichte von Eichendorff, Benn, Brecht und Kunert. Welche Wahrnehmungsmuster liegen zugrunde?

4. Vergleichen und diskutieren Sie die Paarbeziehungen, wie sie in den Gedichten auf S. 42 ff. erscheinen, mit dem Bild der Geschlechterbeziehungen auf S. 46 ff.

5. „Du sollst dir kein Bildnis machen". Vergleichen und beurteilen Sie die Sichtweisen von Frisch und Brecht.

Text

Max Frisch: Du sollst dir kein Bildnis machen (1946/1950)

Texte in alter Rechtschreibung

Es ist bemerkenswert, daß wir gerade von dem Menschen, den wir lieben, am mindesten aussagen können, wie er sei. Wir lieben ihn einfach. Eben darin besteht ja die Liebe, das Wunderbare an der Liebe, daß sie uns in der Schwebe des Lebendigen hält, in der Bereitschaft, einem Menschen zu folgen in allen seinen möglichen Entfaltungen. Wir wissen, daß jeder Mensch, wenn man ihn liebt, sich wie verwandelt fühlt, wie entfaltet, und daß auch dem Liebenden sich alles entfaltet, das Nächste, das lange Bekannte. Vieles sieht er wie zum ersten Male: Die Liebe befreit es aus jeglichem Bildnis. [...]

Unsere Meinung, daß wir das andere kennen, ist das Ende der Liebe, jedes Mal, aber Ursache und Wirkung liegen vielleicht anders, als wir anzunehmen versucht sind – nicht weil wir das andere kennen, geht unsere Liebe zu Ende, sondern umgekehrt: Weil unsere Liebe zu Ende geht, weil ihre Kraft sich erschöpft hat, darum ist der Mensch fertig für uns. [...] Man macht sich ein Bildnis. Das ist das Lieblose, der Verrat.

„Was tun Sie", wurde Herr K. gefragt, „wenn Sie einen Menschen lieben?" „Ich mache einen Entwurf von ihm", sagte Herr K., „und sorge, daß er ihm ähnlich wird." „Wer? Der Entwurf?" „Nein", sagte Herr K., „der Mensch."

Bertolt Brecht: Wenn Herr K. einen Menschen liebte (1949)

3 Das Motiv der unerfüllten Liebe – der/des verlassenen Geliebten

3.1 „Ich sing' und möchte weinen" – Stimmen des Schmerzes – Lyrisierung, Expressivität, prosaisches Sprechen

Text

Clemens Brentano: Der Spinnerin Nachtlied (1802/1818)

Es sang vor langen Jahren
Wohl auch die Nachtigall,
Das war wohl süßer Schall,
Da wir zusammen waren.

Ich sing' und kann nicht weinen,
Und spinne so allein
Den Faden klar und rein
So lang der Mond wird scheinen.

Als wir zusammen waren
Da sang die Nachtigall
Nun mahnet mich ihr Schall
Dass du von mir gefahren.

So oft der Mond mag scheinen,
Denk' ich wohl dein allein,
Mein Herz ist klar und rein,
Gott wolle uns vereinen.

Seit du von mir gefahren,
Singt stets die Nachtigall,
Ich denk bei ihrem Schall,
Wie wir zusammen waren.

Gott wolle uns vereinen
Hier spinn' ich so allein,
Der Mond scheint klar und rein,
Ich sing' und möchte weinen.

Aufgabe

1. „Dies ist kein schwieriges Gedicht. Es verlangt keinerlei Bemühung des Gedankens oder des Gefühls. Es gleitet mühelos ins Ohr", schrieb der Literaturwissenschaftler Richard Alewyn über Brentanos „Der Spinnerin Nachtlied". Machen Sie sich bewusst, wie das Gedicht beim ersten Lesen auf Sie wirkt.

2. Der romantische Dichter Novalis bezeichnete Poesie als „Gemüterregungskunst". Untersuchen Sie, wie Brentano eine solche Wirkung durch die Verzahnung von Thematik, Bildlichkeit, Textstruktur und Klanggestalt erreicht.

3. Ist der Geliebte fern, untreu oder tot? Belegen Sie Ihr Verständnis am Text.

4. Untersuchen Sie, welche Kontexte in dem Ausschnitt aus der Interpretation eines Literaturwissenschaftlers für die Deutung herangezogen werden. Beurteilen Sie, ob eine solche Kontextuierung ein differenzierteres Verständnis von Brentanos Gedicht ermöglicht.

Text

Wolfgang Frühwald: Die Konstruktion des Volkstons (1984)

Brentano hat […] eine im späten 18. und 19. Jahrhundert häufige lyrische Szene thematisch und formal weitergebildet: Das Lied des auf den Geliebten wartenden Mädchens am Spinnrade; er hat in der Form des Liedes die starke Affektbetontheit dieser Lieder mit der Monotonie der Arbeit am Spinnrad konfrontiert, in der sich die Qual des Wartens sinnbildlich erneuert: Gretchens Lied „am Spinnrade allein" aus Goethes „Faust" klingt kontrapunktisch an. In Brentanos Lied wird das Spinnrad unversehens zum Rad der Zeit, die Sehnsucht der Sängerin bleibt ungestillt, denn sie gilt – nach Ausweis des Kontextes – nicht dem fernen oder dem untreuen, sondern dem toten Geliebten. […] In der Zueinanderordnung von Erinnerungsthematik […] und Sehnsuchtsmotivik […], die sich von der Folie der literarischen Szenerie des verlassenen Mädchens abheben, ist als Leitgedanke des Liedes das zentrale Motiv Brentanos und der deutschen Romantik überhaupt zu erkennen: die Idee von der ursprünglichen Einheit alles Lebendigen in der Natur, seiner Trennung durch den Einbruch von Erkenntnis und Bewusstsein und seiner Wiedervereinigung auf einer Stufe, die Schmerz und Bewusstsein der Trennung umschließt – und daher niemals enden wird. Daraus erklärt sich die Mischung von Einfachheit und Raffinement, von Klang und Echo, Bewegung und Statik, Monotonie und Variation in diesem Gedicht, dass im Lied die verlorene Einheit im Vorgriff auf eine gedachte und ersehnte Zukunft beschworen werden kann […].

Text

Else Lasker-Schüler: Dem Abtrünnigen (1914)

Hinter Bäumen berg ich mich
Bis meine Augen ausgeregnet haben,

Und halte sie tief verschlossen,
Dass niemand dein Bild schaut.

Ich schlang meine Arme um dich
Wie Gerank.

Bin doch mit dir verwachsen,
Warum reißt du mich von dir?

Ich schenkte dir die Blüte
Meines Leibes,

Alle meine Schmetterlinge
Scheuchte ich in deinen Garten.

Immer ging ich durch Granaten,
Sah durch dein Blut
Die Welt überall brennen
Vor Liebe.

Nun aber schlage ich mit meiner Stirn
Meine Tempelwände düster.

O du falscher Gaukler,
Du spanntest ein loses Seil.

Wie kalt mir alle Grüße sind,
Mein Herz liegt bloß,

Mein rot Fahrzeug
Pocht grausig.

Bin immer auf See
Und lande nicht mehr.

Aufgabe

1. Klären Sie die Bedeutung des Wortes „abtrünnig", und leiten Sie aus dem Titel ab, wie das lyrische Ich das Verhalten des Geliebten sieht.

2. Untersuchen Sie, mit welchen Gestaltungsmitteln die Situation und die Gefühle des lyrischen Ich dargestellt werden. Welche Vorstellung von Liebe wird dabei sichtbar?

3. Formulieren Sie aus der Sichtweise Simone de Beauvoirs, welchen „falschen" Vorstellungen von „Liebe" die verlassene Orsina und das lyrische Ich in Lasker-Schülers Gedicht zum Opfer gefallen sind.

4. Vergleichen Sie die Auffassung Beauvoirs mit dem Text von Friedrich Nietzsche auf S. 48. Beurteilen Sie die Sichtweisen Nietzsches und Simone de Beauvoirs.

Text

Simone de Beauvoir: Das andere Geschlecht. Sitte und Sexus der Frau (1949)

Männer haben zu gewissen Zeiten ihres Lebens leidenschaftliche Liebhaber sein können, es gibt aber keinen einzigen unter ihnen, den man als einen *großen Liebenden* ansprechen könnte. Selbst in ihrem heftigsten Überschwang geben sie sich nie völlig auf. Selbst wenn sie vor ihrer Geliebten in die Knie fallen, wünschen sie noch, sie zu besitzen, sie an sich zu fesseln. Selbst im Kernpunkt ihres Lebens bleiben sie so etwas wie souveräne Eigenwesen. Die geliebte Frau ist nur einer unter anderen Werten. Die Männer wollen sie ihrer Existenz einverleiben, aber nicht mit ihrer ganzen Existenz in ihr versinken. Für die Frau dagegen ist die Liebe eine völlige Selbstaufgabe zugunsten eines Herrn.

Text

G. E. Lessing: Emilia Galotti (IV, 7) (1772)

Orsina Ich bin Orsina; die betrogene, verlassene Orsina. – Zwar vielleicht nur um Ihre Tochter verlassen. – Doch was kann Ihre Tochter dafür? – Bald wird auch sie verlassen sein. – Und dann wieder eine! – Und wieder eine! – Ha! *Wie in der Entzückung.* Welch eine himmlische Phantasie! Wann wir einmal alle, – wir, das ganze Heer der Verlassenen, – wir alle in Bacchantinnen, in Furien verwandelt, wenn wir alle ihn unter uns hätten, ihn unter uns zerrissen, zerfleischten, sein Eingeweide durchwühlten, – um das Herz zu finden, das der Verräter einer jeden versprach, und keiner gab! Ha! das sollte ein Tanz werden! das sollte!

Text

Sarah Kirsch: Bei den weißen Stiefmütterchen (1967)

Bei den weißen Stiefmütterchen
im Park wie er's mir auftrug
stehe ich unter der Weide
ungekämmte Alte blattlos
siehst du sagt sie er kommt nicht

Ach sage ich er hat sich den Fuß gebrochen
eine Gräte verschluckt, eine Straße
wurde plötzlich verlegt oder
er kann seiner Frau nicht entkommen
viele Dinge hindern uns Menschen

Die Weide wiegt sich und knarrt
kann auch sein er ist schon tot
sah blaß aus als er dich untern Mantel küsste
kann sein Weide kann sein
so wollen wir hoffen er liebt mich nicht mehr

Aufgabe

1. Als „ungeheuer sanft" charakterisierte Günter Kunert die Gedichte von Sarah Kirsch. Vergleichen Sie mit Ihrem ersten Eindruck.
2. Untersuchen Sie Sprechsituation, Sprechhaltung und Struktur des Gedichts, und charakterisieren Sie die Sichtweise von Liebe und Verlassenwerden.
3. Deuten Sie die Schlusszeile des Gedichts.
4. Vergleichen Sie Ihre Deutung mit der Ulla Hahns. Erörtern Sie, wie überzeugend Sie Hahns Interpretation finden.

Text

Ulla Hahn: Nach vorne leben (1998)

Wie kein anderes hielt mich dieses Gedicht von Sarah Kirsch fest, seit ich es Mitte der siebziger Jahre zum ersten Mal las. Ich verstand es nicht, genauer, ich begriff die letzte Zeile nicht. Das musste doch heißen: so wollen wir hoffen, er liebt mich noch. Jahrelang blieb mir der Sinn dieses „nicht mehr" verschlossen. Erst seit kurzem glaube ich, das ganze Gedicht zu verstehen. […]

Und nun hofft die Frau, die so einsam ist, dass sie gemeinsame Sprache spricht mit einem Weidenweib, „er liebt mich nicht mehr". Hofft das gerade Gegenteil von dem, was alle Liebe begehrt: Gegenliebe. Will die Frau diese nicht? O doch, sonst hätte sie ihn nicht, „Wie er's auftrug", ein ums andere Mal erwartet. Aber sie will diese Liebe nicht um jeden Preis. Lieber gibt sie den Geliebten frei, als dass ihm Böses widerführe, alles Ungemach, das in der zweiten Strophe aufgezählt wird.

Wer so selbstlos lieben kann, muss sehr selbstbewusst sein. Die Frau vermag den Geliebten loszulassen, weil sie sich an sich selber halten kann. Freiwillig ist sie zu ihm gekommen, freiwillig kann sie ihn freisprechen und sich. Sie muss sich nicht an einen Geliebten klammern, dem „die Straße verlegt" ist.

Die Frau unter der Trauerweide steht auf eigenen Füßen, sie steht allein, aber ohne Angst, allein zu bestehen. Ehe die Weide zum dritten Mal knarrt, hat die Frau den Bann gebrochen, ist auf und davon.

Traurig und trotzig ist dieses Gedicht, wie so viele von Sarah Kirsch. „Man muss nach vorne leben und nicht nach rückwärts", hat sie in einem Interview gesagt. Mit ihrem Gedicht „Bei den Stiefmütterchen" bin ich ein Stück vorwärts gekommen.

Tipp zur Weiterarbeit

1. „Die Liebe erscheint heute in einer Zeit sexueller Freizügigkeit, weiblicher Emanzipation, die auch die männliche mit einschließt, janusköpfig, als lebenssteigernde Gemeinschaft und als Beziehungsfalle", schrieb Hiltrud Gnüg im Nachwort zu ihrer Anthologie „Nichts ist versprochen. Liebesgedichte der Gegenwart." Deuten Sie das Gedicht von Sarah Kirsch in Bezug auf diese „Janusköpfigkeit".

Text

Albert Ostermaier: schneewittchen (1995)

„Tell me
how does it feel to be
on your own"
Bob Dylan

keine angst ich geh von allein &
such mir die passende kühlbox wo
ich überwintern kann für deine
liebe die zu spät kommt mit einem
rosendorn im kalten herz ich wart auf
dich wenn alles von mir abgefallen ist
& ich schon dahinschmelz auf einer
parkbank eines schönen morgens
dass du mich nimmst wie ein schneller
brüter & ich mir das hirn nicht
länger spalten muss ob ich nur
der müllsack bin den du durch dein
leben schleifst bis du ihn
abfahren lässt

Aufgabe

1. Lesen Sie Grimms Märchen „Schneewittchen", und stellen Sie Bezüge her zwischen der Beziehung zwischen Schneewittchen und dem Prinzen und der Thematik des Gedichts.

2. Dem Gedicht hat Ostermaier einige Zeilen aus dem Refrain von Dylans Song „Like a Rolling Stone" vorangestellt. Recherchieren Sie den Text des Songs im Internet, und vergleichen Sie Thematik und Sprechsituation im Song und im Gedicht.

3. Untersuchen Sie, mit welchen Bildern die Gefühlslage des lyrischen Ich ausgedrückt wird.

4. Gestalten Sie Länge und Grenzen der Verszeilen so um, dass diese mit syntaktischen Strukturen übereinstimmen, oder wählen Sie andere Versgrenzen. Vergleichen Sie Ihre Umgestaltungen mit dem Text von Ostermaier, und beurteilen Sie dessen Gliederung in Verszeilen.

5. Ordnen Sie den Text in die literarische Tradition männlicher Klage über die Geliebte ein (Minnesang, Petrarkismus, Barock).

Online-Link
Zusatztexte:
Brüder Grimm: *Schneewittchen;*
Cl. Brentano: *Wenn die Sonne weggegangen*
347466-0053

Lektüretipp

1. „Liebesverrat" ist eines der großen Themen und Motive in Mythos und Literatur. Informieren Sie sich in Peter von Matts „Liebesverrat. Die Treulosen in der Literatur" (1989) über die Reaktionsweisen von Frauen und Männern auf das Verlassenwerden.

Tipp zur Weiterarbeit

1. Der Soziologe Ulrich Beck hat „Liebe" in der heutigen Gesellschaft als das „ganz normale Chaos" bezeichnet, weil diese „gerade nicht mehr aus alten Vorgaben und Formeln konsenssicher abgerufen werden kann", welche die Liebenden immer selbst erst mit Sinn füllen müssen. Erörtern Sie diese Behauptung.

2. Vergleichen Sie Ostermaiers Gedicht mit Clemens Brentanos „Wenn die Sonne weggegangen".

3.2 „Wir stehen umschlungen" – lyrische Dialoge – Literatur als Kommunikationsmedium in Beziehungen

Text

Ingeborg Bachmann: Dunkles zu sagen (1953)

Wie Orpheus spiel ich
auf den Saiten des Lebens den Tod
und in die Schönheit der Erde
und deiner Augen, die den Himmel
verwalten,
weiß ich nur Dunkles zu sagen.

Vergiss nicht, dass auch du, plötzlich,
an jenem Morgen, als dein Lager
noch nass war von Tau und die Nelke
an deinem Herzen schlief,
den dunklen Fluss sahst,
der an dir vorbeizog.

Die Saiten des Schweigens
gespannt auf die Welle von Blut,
griff ich dein tönendes Herz.
Verwandelt ward deine Locke
ins Schattenhaar der Nacht,
der Finsternis schwarze Flocken
beschneiten dein Antlitz.

Und ich gehör dir nicht zu.
Beide klagen wir nun.

Aber wie Orpheus weiß ich
auf der Seite des Todes das Leben,
und mir blaut
dein für immer geschlossenes Aug.

Text

Paul Celan: Corona (1949, 1952)

Aus der Hand frisst der Herbst mir
sein Blatt: Wir sind Freunde.
Wir schälen die Zeit aus den Nüssen
und lehren sie gehn:
Die Zeit kehrt zurück in die Schale.

Im Spiegel ist Sonntag,
im Traum wird geschlafen,
der Mund redet wahr.

Mein Aug steigt hinab zum Geschlecht
der Geliebten:
Wir sehen uns an,
wir sagen uns Dunkles,
wir lieben einander wie Mohn und
Gedächtnis,
wir schlafen wie Wein in den Muscheln,
wie das Meer im Blutstrahl des Mondes.

Wir stehen umschlungen im Fenster,
sie sehen uns zu von der Straße:
es ist Zeit, dass man weiß!
Es ist Zeit, dass der Stein sich zu blühen
bequemt,
dass der Unrast ein Herz schlägt.
Es ist Zeit, dass es Zeit wird.

Es ist Zeit.

Online-Link
Zusatztexte:
E. Lasker-Schüler: *Höre*
G. Benn: *Hier ist kein Trost*
347466-0054

Vielleicht täusche ich mich, vielleicht ist es so, dass wir einander gerade da ausweichen, wo wir einander so gerne begegnen möchten, vielleicht liegt die Schuld an uns beiden. Nur sag ich mir manchmal, dass mein Schweigen vielleicht verständlicher ist als das Deine, weil das Dunkel, das mir auferlegt ist, älter ist.
(Paul Celan an Ingeborg Bachmann, 20. August 1949)

Warum spürst Du nicht mehr, dass ich noch zu Dir kommen will mit meinem verrückten und wirren und widerspruchsvollen Herzen, das ab und zu noch immer gegen Dich arbeitet? – Ich fange ja langsam zu verstehen an, warum ich mich so sehr gegen Dich gewehrt habe, warum ich vielleicht nie aufhören werde es zu tun. Ich liebe Dich und will Dich nicht lieben, es ist zu viel und zu schwer; aber ich liebe Dich vor allem – heute sage ich es Dir, auch auf die Gefahr hin, dass du es nicht mehr hörst oder nicht mehr hören willst.
(Ingeborg Bachmann an Paul Celan, 27. Juni 1951)

„Corona" ist Dein schönstes Gedicht, es ist die vollkommene Vorwegnahme eines Augenblicks, wo alles Marmor wird und für immer ist.
(Ingeborg Bachmann an Celan, 24. Juni 1949)

Aufgabe

1. „Corona" ist eines von 22 Gedichten in dem 1952 erschienenen Band „Mohn und Gedächtnis", von dem Celan ein Exemplar Ingeborg Bachmann schenkte. Erschließen Sie die Sprechsituation und die thematischen Aspekte, die vor allem in der Bildlichkeit deutlich werden.

2. Celans Leben und Schreiben war belastet durch den Schatten des Holocaust. Erschließen Sie aus dem Brief vom 20. 8. 1949, inwiefern dieses „Dunkel" auch in die Liebesbeziehung hineinwirkt.

3. „Nach Auschwitz ein Gedicht zu schreiben, ist barbarisch", formulierte Th. W. Adorno, nicht zuletzt im Blick auf Celans „Todesfuge", apodiktisch. Im Gegensatz dazu wurde „Mohn und Gedächtnis" von der zeitgenössischen Literaturkritik gerade wegen der Bannung der Schrecken der Vergangenheit durch den Zauber der Poesie positiv rezipiert. Überprüfen Sie vor diesem Hintergrund und der Äußerung Bachmanns die Bilder, die Celan für die Liebe findet.

4. Erschließen Sie Bachmanns Gedicht „Dunkles zu sagen" als lyrischen Dialog mit dem geliebten Du. Berücksichtigen Sie dabei die Textstellen, in denen das Gedicht unmittelbar auf Celans „Corona" Bezug nimmt.

5. Informieren Sie sich über den Orpheus-Mythos, und zeigen Sie an der Struktur, den thematischen Aspekten und den Bildern auf, wie im Gedicht dieser Mythos aufgegriffen wird. Berücksichtigen Sie dabei Bachmanns Brief an Paul Celan vom 27. Juni 1951.

6. Seit der Veröffentlichung des Briefwechsels zwischen Ingeborg Bachmann und Paul Celan (2008) können die abgedruckten und andere Gedichte der beiden auch im Kontext ihrer schwierigen Beziehung gedeutet werden. Gehen Sie von ihrem Verständnis (und von Verstehensschwierigkeiten) der Texte aus, und überlegen Sie, ob Sie mehr über das „Briefgeheimnis der Gedichte" (Nachwort zum Briefwechsel) erfahren möchten.

Kompetenzen

Was Sie wissen müssen:

- Überblick über den Wandel von Liebesauffassungen und Liebeserfahrungen vom Mittelalter bis zur Gegenwart
- Einsicht in das Spannungsverhältnis von harmonischer Glückserfahrung und Flüchtigkeit von Beziehungen
- Kenntnis epochenspezifischer Gestaltungsweisen des Motivs der unerfüllten Liebe und des Verlassenwerdens
- Einsicht in den Zusammenhang zwischen gesellschaftlich bedingten Vorstellungen von Geschlechterrollen und individuellen Wünschen und Sehnsüchten
- Einsicht in Zusammenhänge zwischen Liebesauffassungen und dem Wandel der Sichtweisen des Menschen, der Wahrnehmungsweisen von Natur und Gesellschaft sowie poetologischen Reflexionen
- Überblick über Themen, Motive, Beziehungsmuster, dargestellte Situationen in der Liebeslyrik
- Überblick über epochenspezifische und historisch bedingte Genres, Formen und Gestaltungsweisen von Liebeslyrik
- Kenntnis der Aspekte und Kategorien der Erschließung und Interpretation lyrischer Texte
- Überblick über gattungsspezifische Formelemente und Gestaltungsmittel der Lyrik (Sprechsituation; Rolle des lyrischen Ich; Bildlichkeit; sprachliche Verdichtung: Rhetorik, Reim, Klangestalt; Bauelemente: Genre, Strophe, Vers, Metrum)

Was Sie können müssen:

- Liebesgedichte unter thematischen Aspekten vergleichend erschließen: Situationen, Beziehungsmuster, Motive, Sichtweisen von Liebe
- Genres, Sprechsituationen, Sprechhaltungen und gattungsspezifische Gestaltungsmittel erkennen
- Liebesgedichte mithilfe verschiedener Kontexte (biografisch, historisch-gesellschaftlich, Welt- und Menschenbild der Epoche, epochenspezifische Themen, Motive und Gestaltungsmittel) erschließen und deuten
- Liebesgedichte als Ausdrucksmittel im Kontext der Beziehung schreibender Paare untersuchen
- Liebesgedichte mit Hilfe gestaltender Verfahren interpretieren
- Unterschiedliche Vorstellungen und Erfahrungen von Liebe erläutern und bewerten

Schreibtraining:
Eine vergleichende Gedichtinterpretation schreiben

Arbeitsschritte:

1. Aufgabenstellung erfassen – erstes Textverständnis festhalten

- Aufgabenstellung untersuchen
  - Handlungsanweisungen erkennen (Operatoren)
  - Vorgegebene Erschließungsaspekte bewusst machen
- Erstes Textverständnis festhalten
  - Erste Eindrücke notieren
  - Kontrastiver Blick auf die Texte: Ähnlichkeiten, Unterschiede, Gegensätze notieren
  - Vergleichshypothese entwickeln: Behandlung des Themas, Gestaltung des Motivs, Unterschiede im Welt- und Menschenbild

2. Texte aspektorientiert vergleichend untersuchen

- Textimmanente Untersuchungsaspekte auswählen
  - Von der Vergleichshypothese ausgehen
  - Systematische gattungsspezifische Untersuchungsaspekte berücksichtigen (Thematik, Sprechsituation, Bildlichkeit, Gedichtform, …)
  - für den Vergleich ergiebige Aspekte auswählen
- Texte vergleichend untersuchen
- Textüberschreitende Aspekte einbeziehen
  - Autor und Werk
  - Epochenmerkmale (Welt- und Menschenbild, epochenspezifische Themen, Motive, Gestaltungsweisen)
  - Stoff- und Motivgeschichte

3. Vergleichsthese formulieren

- Fazit aus Untersuchungsergebnissen ziehen
- Vergleichshypothese überprüfen
- Vergleichsthese formulieren

4. Gliederung erstellen

- Ergebnisse ordnen
- Vergleichsverfahren wählen (Aufgabenstellung beachten)
  - Ein Text als Untersuchungsschwerpunkt in Teil 1; vergleichende Untersuchung des zweiten Textes als Teil 2
- **Einleitung:** knappe Informationen über die Gedichte; zentrale Vergleichsaspekte; Vergleichsthese
- **Hauptteil:**
  - Aufbau entsprechend dem Vergleichsverfahren
  - Argumentative Entfaltung der Vergleichsthese; Stützung durch ausgewählte Untersuchungsergebnisse; Textbelege und Zitate
  - Einbeziehung von Kontexten
- **Schluss:** Rückbezug zur Vergleichsthese; eigene Beurteilung; Vergleich mit Darstellungen des Themas, Motivs etc. in anderen Epochen

5. Aufsatz schreiben

- Klarheit und Schlüssigkeit der Argumentation (roter Faden)
- Differenzierte Stützung durch genaue Analyse und Beschreibung der Texte
- Verknüpfung von Analyse und Deutung; Funktion einzelner Ergebnisse für den Sinnzusammenhang
- Begründetes eigenes Urteil

6. Aufsatz überarbeiten

- Sprachrichtigkeit und sprachliche Gestaltung (Rechtschreibung, Grammatik, Satzbau; Sachstil; Wortwahl, Fachbegriffe, Zitierweise)
- Aufbau, Textzusammenhang, gedankliche Entwicklung

Aufgabenstellung

1. Analysieren und vergleichen Sie die beiden Gedichte „Der Spinnerin Nachtlied“ von Clemens Brentano (vgl. S. 50) und „Bei den weißen Stiefmütterchen“ von Sarah Kirsch (vgl. S. 52)

1. Aufgabenstellung erfassen – erstes Textverständnis festhalten → 2. Texte aspektorientiert vergleichend untersuchen → 3. Vergleichsthese formulieren → 4. Gliederung erstellen → 5. Aufsatz schreiben → 6. Aufsatz überarbeiten

1a. Lesen Sie die Gedichte „Der Spinnerin Nachtlied“ und „Bei den weißen Stiefmütterchen“ und halten Sie Ihre ersten Eindrücke, Reaktionen, Fragen in Stichpunkten fest.

1b. Lesen Sie die beiden Gedichte kontrastiv. Notieren Sie Ähnlichkeiten, Unterschiede und Gegensätze in Thematik, Sprechsituation und Sprechhaltung, lyrischen Gestaltungsmitteln. Formulieren Sie eine Vergleichshypothese.

1c. Notieren Sie Vorgaben und Anforderungen der Aufgabenstellung.

1d. Überprüfen Sie folgende Vergleichshypothese.

Gemeinsam: weibliches lyrisches Ich, das vom Geliebten verlassen wurde bzw. vergeblich auf ihn wartet

Unterschiede:

Brentano	*Kirsch*
Mädchen am Spinnrad; Gesang der Nachtigall als Auslöser der Erinnerung an das vergangene Liebesglück	Geliebte wartet vergeblich unter einer Weide auf den Geliebten; Dialog mit der Weide
Hoffnung auf eine Aufhebung der Trennung und eine ewige Vereinigung im Jenseits	Einfühlen des lyrischen Ich in die möglichen Ursachen der Verhinderung des Geliebten; Bewusstsein der Vergänglichkeit von Liebesbeziehungen und Liebesglück
Ausdruck des Schmerzes im Lied, das wie ein Volkslied wirkt, aber artifiziell gestaltet ist	Verzicht auf traditionelle lyrische Formelemente; melancholischer Prosaton

1. Aufgabenstellung erfassen – erstes Textverständnis festhalten →
2. **Texte aspektorientiert vergleichend untersuchen** →
3. Vergleichsthese formulieren →
4. Gliederung erstellen →
5. Aufsatz schreiben →
6. Aufsatz überarbeiten

Infobox: Vergleichende Gedichtinterpretation

Eine vergleichende Gedichtinterpretation verlangt noch mehr als die Analyse und Interpretation eines einzelnen Gedichts eine gezielte Auswahl von Untersuchungsaspekten. Diese sind dabei besonders ergiebig, wenn durch den Vergleich die Texte in ihrer Besonderheit wechselweise sichtbar werden. Die Auswahl ergibt sich aus

- den Gemeinsamkeiten und Unterschieden der Texte
- der Vergleichshypothese
- der genrespezifischen Systematik von Analysemöglichkeiten (textimmanent)
- textüberschreitenden Kontexten

Lyrik

textimmanente Aspekte

- lyrische Formelemente
  - Vers und Strophe
  - Rhythmus und Metrum
  - Klanggestalt
  - Reim
- Strukturelemente / Aufbau
- Sprecher / lyrisches Ich / Sprechsituation
- lyrisches Genre
- Bildlichkeit
- Thema, Stoff, Motive
- Sprache, sprachliche Mittel

textüberschreitende Aspekte

- politische, soziale und geistesgeschichtliche Situation
- Biografie und Werk
- literarische Epoche Gattungsgeschichte
- Gegenwartsbezug Lebensweltbezug

2a. Wählen Sie, ausgehend von Ihren ersten Eindrücken und Ihrer Vergleichshypothese, ergiebige Erschließungsaspekte für eine vergleichende Untersuchung aus.

2b. Beurteilen Sie die Auswahl folgender Erschließungsaspekte. Vergleichen Sie mit Ihrer eigenen Auswahl:
- Sprechsituation und Sprechhaltung
- Rollenmuster in der Beziehung
- Aufbau, Strukturelemente
- Mittel der sprachlichen Gestaltung

2c. Ergänzen Sie die Tabelle auf S. 59 um die Aspekte Sprechhaltung, Aufbau/Strukturelemente und Bildlichkeit.

Vergleichsaspekt	*Brentano*	*Kirsch*
Thematik, Motive	Thema: Trennung von dem Geliebten in der Gegenwart, Erinnerung an das vergangene Glück; Sehnsucht nach Einheit mit dem Geliebten in der Zukunft Motive: Gesang der Nachtigall, das verlassene (?) Mädchen, gleichförmige Bewegung des Spinnrads	Thema: Vergänglichkeit und Hindernisse des Liebesglücks Motiv: (vergebliches) Warten auf den Geliebten bei einer Weide
Sprechsituation	Monologische Klage am Spinnrad, ausgelöst durch das Singen der Nachtigall	Gespräch mit der Weide über mögliche Gründe für das Fernbleiben des Geliebten
Lyrische Formelemente	Volksliedton: Sechs vierzeilige Strophen; dreihebige Jamben; umarmender Reim mit Wechsel zwischen weiblicher und männlicher Kadenz; Reime haben nur die Vokale ei und a; Vokalhäufung innerhalb der Verszeilen; Verbindung von Monotonie und Variation; ...	

2d. Differenzieren Sie Ihr Textverständnis durch textüberschreitende Kontexte. Ziehen Sie dabei Ihr literaturgeschichtliches Wissen heran.

Kontexte	*Brentano*	*Kirsch*
Zeit- und epochenbedingte Weltvorstellungen, Sichtweisen, Denkmuster	Liebe als personale Einheit, als Verbindung der polaren Rollen der Geschlechter zu einer höheren Ganzheit Romantische Suche nach der Wiederherstellung einer verlorenen Einheit (Mensch und Natur; Kunst und Leben); Vergangenheit als Zeit der Einheit und des Glücks; Schmerz der Erinnerung in der Gegenwart; Sehnsucht nach der Rückkehr des verlorenen Paradieses (vgl. Kleists „Marionettentheater")	Liebe als vorübergehendes Glück in Beziehungen, die durch soziale Faktoren belastet sind; Ambivalenz zwischen Glücksansprüchen und „realistischen" Einschätzungen der Hindernisse, Schwierigkeiten, Vergänglichkeit von Gefühlen etc.
Epochenspezifische Themen und Motive	...	
Epochenspezifische Literatur- und Kunstauffassungen	Interesse der Romantik an „Volksliedern"; Sammlung und Bearbeitung von „Volksliedern" durch A. von Arnim und Cl. Brentano in „Des Knaben Wunderhorn"; Literatur als „Gemüterregungskunst" (Novalis)	
...		

1. Aufgabenstellung erfassen – erstes Textverständnis festhalten →	**2.** Texte aspektorientiert vergleichend untersuchen →	**3. Vergleichsthese formulieren** →	**4.** Gliederung erstellen →	**5.** Aufsatz schreiben →	**6.** Aufsatz überarbeiten

Damit die Untersuchungsergebnisse zu den einzelnen Aspekten nicht isoliert nebeneinander stehen bleiben, müssen Sie prüfen, was diese für das Sinnverständnis der Texte leisten. Richten Sie den Blick wieder von der Detailebene auf das Ganze der Texte und Ihre vergleichende Gegenüberstellung. Auf der Grundlage der genaueren Textwahrnehmung können Sie nun Ihre Vergleichshypothese überprüfen und zu einer fundierten Interpretationsthese gelangen.

3a. Prüfen Sie, was die einzelnen Untersuchungsergebnisse für Ihr Sinnverständnis der Texte und den Vergleich leisten.

Beispiel

Funktion und Relevanz der lyrischen Formelemente bei Brentano	– „Volksliedton“ als artistisch kalkuliertes Kunstprodukt; dem Lied der Nachtigall als „Natur“ steht damit das Lied als Kunstprodukt gegenüber; – Rolle der Kunst bei der Wiederherstellung der verlorenen Einheit

3b. Überprüfen Sie Ihre Vergleichshypothese, und formulieren Sie eine (modifizierte) Vergleichsthese.

1. Aufgabenstellung erfassen – erstes Textverständnis festhalten →	**2.** Texte aspektorientiert vergleichend untersuchen →	**3.** Vergleichsthese formulieren →	**4. Gliederung erstellen** →	**5.** Aufsatz schreiben →	**6.** Aufsatz überarbeiten

Die Gliederung informiert den Leser über den gedanklichen Aufbau und die Schwerpunkte der Interpretation. Sie ist Ihr Schreibplan, der bei der Ausführung den „roten Faden“ sichert und Ihnen dabei hilft, dass Sie nichts Wichtiges vergessen.

Infobox: Gedichtvergleich

Beim Gedichtvergleich sind, je nach den Anforderungen der Aufgabenstellung, folgende Aufbaumuster sinnvoll:

- Die getrennte Interpretation der Gedichte in zwei Teilen mit anschließender vergleichender Gegenüberstellung unter ergiebigen Aspekten in einem dritten Teil
- Die genaue Erschließung eines Textes in einem ersten Teil, die vergleichende Gegenüberstellung des zweiten Textes in einem zweiten Teil
- Der systematische Vergleich der Texte unter ausgewählten Aspekten

Eine zentrale Rolle für die Entwicklung und Formulierung der Gliederungspunkte spielen dabei die von Ihnen ausgewählten Untersuchungsaspekte, die Sie weiter untergliedern können.

Die Einleitung soll zwar knapp über Autor, Titel und Erscheinungsjahr informieren, vor allem aber auf interessante Weise auf Ihre Vergleichsthese hinführen.

Der Schluss führt noch einmal zu Ihrer Vergleichsthese zurück, kann aber auch durch ein persönliches Urteil oder einen aktuellen Bezug den Aufsatz abrunden.

4a. Wählen Sie ein Aufbaumuster, das der Aufgabenstellung entspricht. Legen Sie Ihre Vergleichsschwerpunkte fest.

4b. Erstellen Sie eine Gliederung.

4c. Überprüfen Sie die folgende Gliederung, und vergleichen Sie diese mit Ihrer eigenen:

Einleitung	„Es ist eine alte Geschichte,/Doch bleibt sie immer neu" (Heine). Verlassene Frauen und untreue Männer als epochenübergreifendes Thema der Literatur
Hauptteil	1. Rollenkonstellationen und Sprechsituationen - Alleinsein und vergebliches Warten - Klagelied und dialogische Reflexion 2. Vorstellungen von Liebe - Liebe als absolute Einheit - Liebe als vergängliche Beziehung 3. Motive und Bilder - Lied der Nachtigall und Monotonie des Spinnrads - Weide als Bild der Vergänglichkeit von Natur und Liebe 4. Aufbaumuster und Sprechhaltungen - Wiederholung und Variation - Melancholischer Reflexionsprozess 5. Lyrische Formelemente - Kunst des Volksliedtons - Illusionslosigkeit im rhythmischen Prosastil 6. Historische und kulturelle Kontexte - Romantische Sehnsucht nach Wiederherstellung verlorener Einheit - Lyrische Subjektivität gegen den staatlich verordneten sozialistischen Realismus
Schluss	Neues Rollen- und Liebesverständnis im feministischen Emanzipationsdiskurs seit den 70er Jahren

1. Aufgabenstellung erfassen – erstes Textverständnis festhalten → **2.** Texte aspektorientiert vergleichend untersuchen → **3.** Vergleichsthese formulieren → **4.** Gliederung erstellen → **5. Aufsatz schreiben** → **6.** Aufsatz überarbeiten

Auch beim Schreiben eines Gedichtvergleichs sollten Sie an einen Leser denken, für den Ihre Untersuchung und Interpretation verständlich, nachvollziehbar und plausibel sein muss. Das gelingt Ihnen, wenn Sie
- Interesse an den Texten, Ihren Vergleichsaspekten und Ihrer Interpretation wecken und in den verschiedenen Teilen der Arbeit aufrechterhalten,
- Ihre Gedanken zielgerichtet, schlüssig und nachvollziehbar entwickeln,
- Analyse und Deutung verknüpfen, so dass die Funktion einzelner Untersuchungsergebnisse für das Sinnverständnis klar wird,
- Ihre Aussagen an den Texten belegen (Paraphrasen, Zitate),
- Im angemessenen Stil schreiben (sachorientiert, Fachtermini, entfaltender und argumentativer Satzbau, Kennzeichnung persönlicher Urteile und Meinungen).

Damit Sie sich beim Schreiben genügend auf die sprachliche Darstellung konzentrieren können, helfen Ihnen Stichpunkte zum „Inhalt" der einzelnen Gliederungspunkte.

5a. Notieren Sie die Inhalte der einzelnen Gliederungspunkte in Stichpunkten.

5b. Schreiben Sie den Gedichtvergleich.

1. Aufgabenstellung erfassen – erstes Textverständnis festhalten → **2.** Texte aspektorientiert vergleichend untersuchen → **3.** Vergleichsthese formulieren → **4.** Gliederung erstellen → **5.** Aufsatz schreiben → **6. Aufsatz überarbeiten**

6a. Beurteilen Sie zunächst Ihren ganzen Aufsatz.
- Wird Ihre Vergleichsthese genügend klar?
- Ist Ihre gedankliche Entfaltung zielführend? Lässt sich ein roter Faden erkennen?
- Sind Ihre Ausführungen genügend textnah und durch Textstellen belegt?

6b. Überprüfen Sie dann die einzelnen Teile Ihres Aufsatzes.

Gut zu wissen:
Merkwissen zum Nachschlagen

Vielfalt lyrischen Sprechens

Lyrische Texte von der Antike bis zur Gegenwart sind durch eine große Vielfalt der **Themen**, **Funktionen** und der **Formensprache** gekennzeichnet. Während die großen Themenbereiche und Motive, die sich aus Grundproblemen der menschlichen Existenz ergeben, in den verschiedenen Epochen immer wieder aufgegriffen werden, unterliegen die Funktionen und Gestaltungsmittel einem deutlichen **historischen Wandel**. Einen Überblick erleichtern folgende Ordnungskategorien:
- **thematisch**: geistlich-religiöse Lyrik, Liebeslyrik, Naturlyrik, Kriegslyrik, politische Lyrik, Gedankenlyrik, Kunstreflexion, …
- **kommunikativ-funktional**: lehrhafte Lyrik, gesellschaftskritische Lyrik, Gelegenheitsgedichte, gesellige Lieder (Arbeits-, Trinklieder), Volkslied, „Gebrauchslyrik", …
- **Formtypen**: Lied, Ode, Hymne, Elegie, Epigramm, Sonett, …
- **epochenbedingte Erscheinungsformen**: Minnelyrik, Erlebnislyrik, absolute und hermetische Lyrik der Moderne, …

Gattungsspezifische Merkmale der Lyrik

Bauelemente lyrischer Texte haben oft eine lange Tradition, die im europäischen Kulturkreis vor allem durch die Antike und ihre Rezeption geprägt ist. Solche Muster sind selbst dann präsent, wenn Dichter auf solche Bauelemente wie Metrum und Reim verzichten. Wichtige Bauelemente sind:
- die **Segmentierung des Textes** in Verszeilen, die das Gedicht von Prosatexten unterscheidet
- die **metrisch gebundene Gestaltung der Verszeilen**: Silbenzahl, Wechsel von Hebungen und Senkungen, Zäsuren (z. B. Alexandriner in der Barocklyrik)
- die **Strophe** als Einheit mehrerer aufeinander folgender Verszeilen, die oft durch bestimmte Reimschemata miteinander verknüpft sind (z. B. Volksliedstrophe in der Romantik)
- **nicht metrisch gebundene Verszeilen**, die frei zu „Strophen" gruppiert werden (z. B. in der Gegenwartslyrik)
- bewusste Gestaltung der **Lautebene** (Assonanzen, Alliterationen, Lautsymbolik)
- **Bildlichkeit** als zentrales Elemente der sprachlichen Gestaltung (Vergleiche, Metaphern, Symbole, Chiffren)
- **lyrisches** Ich als konstitutives Element (auch wenn es als Personalpronomen nicht explizit markiert wird): Sprechsituation, Sprecherrolle, Sprechhaltung, Adressatenbezug

Welt- und Menschenbild in der Lyrik

„Was ist der Mensch?" ist eine der Grundfragen, auf die in Religion, Mythos, Philosophie und Wissenschaft im Laufe der **gesellschaftlich-kulturellen Entwicklung** durchaus verschiedene Antworten gegeben wurden. Diese sind immer auch verbunden mit Auffassungen von der **Stellung des Menschen in der Welt** und im Kosmos, von Schöpfungsmythen über das christliche Weltbild bis zu modernen evolutionsbiologischen Sichtweisen. **Reflexion über sich selbst** und über den Sinn des Lebens unterscheidet den Menschen von anderen Lebewesen, auch wenn die scharfe Grenze zwischen dem animal rationale und dem Tier, die das Menschenbild seit der Antike bestimmt hat, seit Darwins umstürzender Untersuchung über die „Entstehung der Arten" in Frage gestellt wurde und neueste Ergebnisse der Hirnforschung an der Willensfreiheit als Wesensmerkmal des Menschen zweifeln lassen.

Der Wandel des Welt- und Menschenbildes spiegelt sich auch in den **Themen und Problemen**, mit den sich literarische Texte auseinandersetzen. Anders als bei den Themen „Liebe" und „Natur" konstituiert die Frage nach dem **Wesen des Menschen** zwar kein eigenes Genre der Lyrik, sondern sie wird in der Vielfalt des lyrischen Sprechens in deutschsprachigen Gedichten vom Mittelalter bis zur Gegenwart immer wieder aufgegriffen: Phasen des Menschenlebens von der Geburt bis zum Tod, Sinnfragen und Sinnentwürfe, Lebenskrisen und Identitätsprobleme. Bis ins Zeitalter der Aufklärung bleiben lyrische Texte dabei fest eingebunden in das zeitbedingte religiöse und philosophische Welt- und Menschenbild. Erst mit dem Geniegedanken und dem

Selbstverständnis des Individuums als autonome Persönlichkeit werden in lyrischen Texten tradierte oder herrschende Sichtweisen auch kritisch hinterfragt. Trotz aller Zeitbedingtheit geht es dabei um epochenübergreifende Grundfragen der menschlichen Existenz: das Spannungsfeld von Diesseitsorientierung und Glauben an ein ewiges Leben nach dem Tode, von Freiheit des Willens und Determination durch gesellschaftliche, psychische und biologische Strukturen und Prozesse, von Natur und Geist, von der Selbstverwirklichung als Individuum und der Anpassung an übergeordnete Werte und Normen.

Bei der **Untersuchung des Welt- und Menschenbildes** in lyrischen Texten können folgende **Aspekte** ergiebig sein:
- **Thematische Aspekte des Menschseins**: Vergänglichkeit, Geburt und Tod, Wünsche und Hoffnungen, Sinnfragen und -zweifel, Ideale und Utopien, Werte und Normen, Glückserfahrungen und Lebenskrisen
- **Zeitbedingte Sichtweisen im Kontext religiöser und philosophischer Diskurse**: memento-mori-Haltung im Barock, Aufklärung durch Vernunftgebrauch, Bildungs- und Humanitätsidee der Klassik, romantische Sehnsucht nach Einheit, Zerfall von Werten im Nihilismus etc.
- **Sprechsituationen und Darstellungsintentionen**: Selbstreflexion des lyrischen Subjekts, Adressatenbezug, Lehre und Appell, …
- **Lyrische Genres**: geistliche Lyrik, Erlebnis- und Stimmungslyrik, Gedankenlyrik, …

Liebeslyrik

Liebe als **anthropologische Grunderfahrung** ist eines der großen, überzeitlichen Themen, das epochen- und kulturübergreifend in allen literarischen Gattungen behandelt wird. Lyrische Texte spiegeln dabei nicht nur den gesellschaftlich bedingten **Wandel von Sicht- und Erlebnisweisen** von „Liebe“, sondern sie liefern bis hin zum Poetry Slam auch **bildliche und sprachliche Ausdrucksmöglichkeiten** für Gefühle, Verhaltensweisen, Wertvorstellungen etc. **Liebe als personale Beziehung** mit dem Anspruch auf Ausschließlichkeit, Dauer, Treue etc. ist dabei kein überzeitlich gleich bleibendes Gefühls- und Denkmuster, sondern hängt eng zusammen mit der Herausbildung des emphatischen Konzepts der Persönlichkeit, der Polarisierung der Geschlechter, der Kultivierung des Gefühlslebens in der zweiten Hälfte des 18. Jahrhunderts. Trotz gesellschaftlicher und kultureller Veränderungen in **der modernen Lebenswelt** (Wandel der Familie und der Sexualmoral, hohe Scheidungsraten, Häufigkeit des Partnerwechsels etc.) sind Partnerbeziehungen immer noch aufgeladen mit hohen Glückserwartungen, die auch trotz aller skeptischen Entzauberungen in der **Liebeslyrik der Gegenwart** thematisiert werden.

Auch wenn verschiedene **thematische Aspekte** in der Geschichte der Liebeslyrik immer wieder aufgegriffen werden: Preis der Schönheit der Frau, Werbung des Mannes, Abschied und Trennung, Liebesglück, unerfüllte Sehnsucht etc., so haben sich für die **verschiedenen Epochen typische Genres und Formen** herausgebildet, u. a. die höfisch-ritterliche Minnelyrik, Petrarkismus, carpe-diem-Aufforderung im Barock, Erlebnislyrik im Sturm und Drang, Sehnsucht nach Einheit in der Romantik, symbolische Bildsprache um die Jahrhundertwende, die kühle Distanz der Neuen Sachlichkeit, Alltagslyrik der 1970er Jahre.

Bei der Erschließung und Interpretation von Liebeslyrik sind folgende **genrespezifische Aspekte** ergiebig, die durch die Untersuchung genereller lyrischer Formelemente ergänzt werden können (Bildlichkeit, Strophe, Metrum, …):
- **Situationen**: Glückserfahrung, Sehnsucht, Abschied, Trennung, Untreue, …
- **Rollen in der Beziehung der Geschlechter**: Mann als Begehrender, Frau als sich Hingebende, …
- **Epochenbedingte Auffassung von Liebe**: harmonische Einheit, flüchtige Begegnung, …
- **Sprechsituation und Adressatenbezug**: erlebendes Ich, Rollenlyrik, Werbung
- **Sprechhaltung des lyrischen Ich**: Preis, Klage, Reflexion, …
- **Epochenspezifische Gedichtformen**: Tagelied in der Minnelyrik, Erlebnislyrik, Volksliedton in der Romantik, hermetische Lyrik der Moderne, …

Textquellen:

S. 6: Rüdiger Safranski: Das „nicht festgestellte Tier", aus: Rüdiger Safranski, Wie viel Globalisierung verträgt der Mensch? Frankfurt a. M.: Fischer Taschenbuch Verlag 2004, S. 7 ff.

Thomas Assheuer: Ich war es nicht!, aus: Die ZEIT, 11.10.2007, Nr. 42

S. 7: Herbert Grönemeyer: Mensch, aus: Herbert Grönemeyer: CD-Album Mensch, EMIMUSIC 2002. Text: Herbert Grönemeyer, Copyright Grönland Musikverlag Herbert Grönemeyer, Berlin

S. 8: Ovid: Metamorphosen, 15. Buch, aus: Ovid, Metamorphosen, Leipzig: Reclam Verlag 1986, S. 376. Übersetzer: Reinhart Suchier

S. 9: Matthias Claudius: Der Mensch, aus: Matthias Claudius, Werke, hrsg. von Ulrich Rödl, Stuttgart: Cotta Verlag 1954

Hugo von Hofmannsthal: Ballade des äußeren Lebens, aus: Hugo von Hofmannsthal, Gedichte, Frankfurt a. M.: Insel Verlag 1964, S. 18

Briefzitat Matthias Claudius, aus: Matthias Claudius : Sämtliche Werke. München 1984, zitiert nach: Verstehen und Gestalten, Oberstufe, Bd. 1, München: Oldenbourg Verlag 1997

Zitat Hofmannshal, aus: Hugo von Hofmannsthal, Ausgewählte Werke in zwei Bänden, hrsg. von Rudolf Hirsch, Bd. 2, Frankfurt a. M.: S. Fischer Verlag 1957, S. 367

S. 10: Ursula Krechel: Meine Mutter, aus: Ursula Krechel, Nach Mainz! Gedichte, Darmstadt/Neuwied: Luchterhand Verlag 1977, S. 5 f.

S. 11: „Hausfrauen in den 1950er Jahren", aus: www.wirtschaftswundermuseum.de/pageID_8059765.html

Bettina von Arnim: Ruhig sein kann ich nicht, aus: Bettina von Arnim, Werke und Briefe in vier Bänden, hrsg. von Walter Schmitz u. Sibylle Steinsdorff, Bd. 1, Frankfurt a. M.: Deutscher Klassiker Verlag 1986, S. 61 f.

S. 12: Marie Luise Kaschnitz: Interview, aus: Marie Luise Kaschnitz, Dein Schweigen – meine Stimme. Gedichte 1958-1961, Düsseldorf: Claassen Verlag 1962, S. 53. © 1962 Claassen Verlag GmbH, Düsseldorf

Rose Ausländer: Ich denke, aus: Rose Ausländer, Gesammelte Werke in acht Bänden, hrsg. v. Helmut Braun, Bd. 5, Gedichte 1977–1979, Frankfurt a. M.: S. Fischer Verlag 1984–1990

Rose Ausländer: Schreiben war Leben, Überleben, aus: Rose Ausländer, Gesammelte Werke in acht Bänden, hrsg. von Helmut Braun, Bd. 3, Frankfurt a. M.: S. Fischer Verlag 1984–1990, S. 286

S. 13: Joseph von Eichendorff: Aus dem Leben eines Taugenichts, aus: Joseph von Eichendorff, Werke in vier Bänden, hrsg. v. Wolfdietrich Rasch, Bd. 3, München: Hanser Verlag 1966, S. 1061

Joseph von Eichendorff: Die zwei Gesellen, aus: Joseph von Eichendorff, ebd., Bd. 1, S. 56 f.

S. 14: Erich Kästner: Kurzgefasster Lebenslauf, aus: Das Erich-Kästner-Buch, hrsg. von Rolf Hochhuth, Gütersloh: Bertelsmann Verlag o. J., S. 110. Copyright Atrium Verlag AG, Zürich

Erich Kästner: Prosaische Zwischenbemerkung, aus: Weimarer Republik. Manifeste und Dokumente zur deutschen Literatur 1918–1933, hrsg. v. Anton Kaes, Stuttgart: Metzler Verlag 1983, S. 449

Hans Magnus Enzensberger: geburtsanzeige, aus: Hans Magnus Enzensberger, Gedichte. Die Entstehung eines Gedichts. Frankfurt a. M.: Suhrkamp Verlag 1962, S. 26

S. 16: Barbara Köhler: Endstelle, aus: Barbara Köhler, Deutsches Roulette. Gedichte, Frankfurt a. M.: Suhrkamp 1991, S. 39

Barbara Köhler: A la recherche de la révolution perdue, aus: Von Abraham bis Zwerenz. Eine Anthologie, Bd. 2, hrsg. vom Bundesministerium für Wissenschaft, Forschung und Technologie, Berlin: Cornelsen Verlag 1995, S. 953

S. 17: Friedrich Hölderlin: Hälfte des Lebens, aus: Friedrich Hölderlin, Werke und Briefe in drei Bänden, hrsg. von Friedrich Beißner u. Jochen Schmidt, Bd. 1, Frankfurt a. M.: Insel Verlag 1969, S. 134 f.

Briefzitate, aus: Friedrich Hölderlin, ebd., Bd. 2, S. 920, 967, 1009

S. 18: Friedrich Nietzsche: Der Freigeist/Abschied/Antwort, aus: Friedrich Nietzsche, Werke. Kritische Gesamtausgabe, hrsg. von Giorgio Colli u. Mazzino Montinari, 7. Abt. Bd. 3, Berlin/New York: de Gruyter Verlag 1974, S. 37 f.

S. 19: Rolf Dieter Brinkmann: Selbstbildnis im Supermarkt, aus: Rolf Dieter Brinkmann, Die Piloten. Neue Gedichte, Köln/Berlin: Kiepenheuer & Witsch Verlag 1968

S. 20: Annette von Droste-Hülshoff: Das Spiegelbild, aus: Annette von Droste Hülshoff, Gesammelte Werke in vier Bänden, hrsg. von Reinhold Schneider, Bd. 2, Vaduz: Lichtenstein Verlag 1948, S. 178

E.T.A. Hoffmann: Tagebuchnotiz, aus: E.T.A. Hoffmann, Tagebücher. Nach der Ausgabe Hans von Müllers hrsg. von Friedrich Schnapp, München: Winkler Verlag 1971, S. 107

Hermann Hesse: Der Steppenwolf, aus: Hermann Hesse, Der Steppenwolf, Frankfurt a. M.: Suhrkamp Verlag 1974, S. 76

S. 21: Dieter Borchmeyer: Das Ich und sein Doppelgänger, aus: FAZ 04.01.1997, Nr. 3, S. B4

S. 22: Michael Krüger: Alles ist eitel, aus: Frankfurter Anthologie Nr. 28, hrsg. von Marcel Reich-Ranicki, Frankfurt a. M.: Suhrkamp Verlag 2005, S. 14

Andreas Gryphius: Menschliches Elende, aus: Andreas Gryphius, Werke in einem Band, Berlin und Weimar: Aufbau Verlag 1966, S. 6 f.

S. 23: Katalogtext aus: Gerhard Langemeyer (Hrsg.), Stilleben in Europa, Ausstellungskatalog des Westfälischen Landesmuseums für Kunst- und Kulturgeschichte Münster und der Staatlichen Kunsthalle Baden-Baden, 1980

S. 24: Gottfried Keller: Abendlied, aus: Gottfried Keller, Sämtliche Werke und ausgewählte Briefe, hrsg. von Clemens Heselhaus, Bd. 3, München: Hanser Verlag 1970, S. 300 f.

Brief Keller an Baumgartner, aus: Gottfried Keller, Sämtliche Werke, hrsg. von Rudolf Hunziker u. Hans Bloesch, Bd. 17, Erlenbach: Eugen Rentsch Verlag 1936, S. 5 f.

S. 25: Bertolt Brecht: Von der Freundlichkeit der Welt, aus: Bertolt Brecht, Werke in zwanzig Bänden, Frankfurt a. M.: Suhrkamp Verlag 1967, Gedichte, Bd. 1, S. 205

Bertolt Brecht: Soll das heißen, daß wir uns bescheiden, aus: Bertolt Brecht, ebd., Gedichte, Bd. 3, S. 1032

S. 26: Johann Wolfgang von Goethe: Das Göttliche, aus: Goethes Werke. Hamburger Ausgabe, hrsg. von Erich Trunz, Bd. 1, Hamburg 1962: Christian Wegner Verlag, S. 147 f.

S. 27: Johann Gottfried Herder: „Ein König der Erde …", aus: Johann Gottfried Herder, Ideen zur Philosophie der Geschichte der Menschheit, Bd. 1, Berlin/Weimar: Aufbau Verlag 1965, S. 143–145

Zitat Conrady, aus: Karl Otto Conrady, Goethe. Leben und Werk, Bd. 1, Frankfurt a. M.: Fischer Taschenbuch Verlag 1988, S. 415

S. 27 f.: Franz Schnabel: Das Humanitätsideal, aus: Franz Schnabel, Deutsche Geschichte im 19. Jahrhundert, Bd. 1, Freiburg i. Br.: Herder Verlag 1964, S. 259–261

S. 28: Gottfried Benn: Der Arzt II, aus: Gottfried Benn, Gesammelte Werke in acht Bänden, hrsg. v. Dieter Wellershoff, Bd. 1, Wiesbaden: Limes Verlag 1968, S. 12. Copyright Klett-Cotta Verlag, Stuttgart

S. 29: Gottfried Benn: Nach dem Nihilismus, aus: Gottfried Benn, ebd., Bd. 3, S. 717 f. Copyright Klett-Cotta Verlag, Stuttgart

S. 30: Helen Fisher: Drei Gehirnsysteme für die Liebe, aus: Helen Fisher: Lust, Anziehung und Verbundenheit. Biologie und Evolution der menschlichen Liebe. In: Über die Liebe. Ein Symposion, hrsg. v. Heinrich Meier u. Gerhard Neumann, München: Piper Verlag 2001, S. 81–112, S. 81, 110 f.

Tobias Brocher: Von der Schwierigkeit zu lieben, aus: Tobias Brocher, Von der Schwierigkeit zu lieben. Maßstäbe der Menschlichkeit, Stuttgart: Kreuz-Verlag 1975, S. 98

S. 31: Walther von der Vogelweide: Under der linden, aus: Minnesang. Mittelhochdeutsche Texte und Übertragungen, hrsg. u. übersetzt von Helmut Brackert, Frankfurt a. M.: Fischer Taschenbuch Verlag 1983, S. 150 ff.

Walther von der Vogelweide: Saget mir ieman, aus: Walther von der Vogelweide, Sämtliche Lieder, hrsg. von Friedrich Maurer, München: Wilhelm Fink Verlag 1972, S. 90

S. 32: Bernd Lutz: Minnesang, aus: Deutsche Literaturgeschichte. Von den Anfängen bis zur Gegenwart, Stuttgart: Metzler Verlag 1989, S. 31

Volker Meid: Walther von der Vogelweide, aus: Volker Meid, Das Reclambuch der deutschen Literatur, Stuttgart: Philipp Reclam Verlag 2004, S. 62

S. 33: Horaz: Ode XI, aus: Horaz, Sämtliche Gedichte Lateinisch/Deutsch, Stuttgart: Philipp Reclam Verlag 1992. Übersetzer: Bernhard Kytzler

Martin Opitz: Ach Liebste laß uns eilen, aus: Martin Opitz: Gesammelte Werke. Krit. Ausgabe, Bd. 2,2, Stuttgart: Hiersemann 1979, S. 666 f.

S. 34: Johann Wolfgang von Goethe: Maifest, aus: Goethes Werke, ebd., Bd. 1, S. 30 f.

Johann Wolfgang von Goethe: Erste Begegnung mit Friederike/Glückliche Tage/Abschied, aus: Johann Wolfgang von Goethe, Dichtung und Wahrheit, in: Goethes Werke, ebd., Bd. 9, S. 433 ff.

Udo Müller: Goethes Sesenheimer Lieder, aus: Udo Müller, Literatur der Aufklärung und des Sturm und Drang – kurz gefasst, Stuttgart/Leipzig: Ernst Klett Verlag 2007, S. 40 f.